설명의 기술

YOI SETSUMEI NI WA KATA GA ARU
written by Masashi Inutsuka
Copyright © 2024 by Masashi Inutsuka
All rights reserved.

Originally published in Japan by Nikkei Business Publications, Inc.
Korean translation rights arranged with Nikkei Business Publications, Inc.
through Imprima Korea Agency.

이 책의 한국어판 저작권은 Imprima Korea Agency를 통해
Nikkei Business Publications, Inc.과의 독점계약으로 바바에 있습니다.
저작권법에 의해 한국 내에서 보호를 받는 저작물이므로 무단전재와 무단복제를 금합니다.

**3분도 길다. 30초 안에 상대가
고개를 끄덕이게 만들어라!**

설명의 기술

이누쓰카 마사시 지음 | 홍성민 옮김 | 주노 그림

레몬한스푼

설명의 기술

1판 1쇄 2025년 7월 22일
1판 2쇄 2025년 12월 15일

글쓴이 이누쓰카 마사시
옮긴이 홍성민

편집 이진숙 그림 주노 디자인 레이첼 마케팅 용상철
인쇄·제작 도담프린팅 종이 아이피피(IPP)

펴낸이 유경희 펴낸곳 레몬한스푼
출판등록 2021년 4월 23일 제2022-000004호
주소 35353 대전광역시 서구 도안동로 234, 316동 203호
전화 042-542-6567 팩스 042-718-7989
이메일 bababooks1@naver.com
인스타그램 bababooks2020.official
ISBN 979-11-989363-9-4 03190

* 잘못된 책은 구입하신 곳에서 바꾸어 드립니다.

레몬한스푼은 도서출판 바바의 출판 브랜드입니다.

설명이라는 것은 인류의 지식을
대대로 전하는 최고의 기술이다.

– 이누쓰카 마사시

차례

들어가는 말 – 누구나 상대방이 듣고 싶게 만들 수 있다 12

PART 1　성공적인 설명을 위한 대원칙

CHAPTER 1　왜 설명을 잘하기는 어려운 걸까

말하기에 자신 없는 사람들이 크게 착각하는 것 22
1천 명의 사례를 분석한 후 찾아낸, 설명이 따분해지는 이유 25
우리의 머릿속에 존재하는 3개의 벽과, 설명이 따분해지는 4가지 유형 28
유형 1: 미지의 벽 – 최악의 반응은 '대체 무슨 말이지?'이다 31
유형 2: 당사자의 벽 – '나와는 관계없어'라고 생각하면 쉽게 잊어버린다 34
유형 3: 습득의 벽 – '나에게는 필요 없는 거네…'라는 안타까운 상황 36
유형 4: 당연함의 벽 – '이미 알고 있는 거야'는 최대의 난적이다 38
'효과적인 설명'은 듣는 사람의 뇌를 만족시킨다 42
왕복 4시간의 거리인데도 여름 특강을 수강한 제자와의 대화 44
'프레임'을 적용하기만 하면 누구나 잘 말할 수 있다 46

CHAPTER 2 효과적인 설명은 상대를 아는 것에서 시작된다

듣는 사람만이 판단할 수 있다 50
상대의 머릿속을 파악하기 위한 3가지 시점 52
시점 1: 현재 위치 - 내가 지금 어디쯤에 있는지 확인한다 54
시점 2: 도달점 - 상대가 어떻게 바뀌기를 바라는지 정한다 58
시점 3: 가치관 - 상대가 지금 무슨 생각을 하는지 파악한다 61

PART 2 효과적인 커뮤니케이션을 위한 11가지 설명 프레임

CHAPTER 1 설명 프레임 1, '이점 호소'
상대의 관심을 이끌어내는 특효약

'설명을 듣는 이점'을 알면 상대는 관심을 보인다 70
단계 1: 상대의 문제점을 표면화하고 이점의 존재를 일깨운다 73
단계 2: 성공 사례를 소개해 머릿속에 구체적인 그림을 그리게 한다 76
단계 3: 자신이 그 이점을 제시할 수 있는 이유를 말한다 78
단계 4: 이점을 누릴 수 있는 구체적인 순서를 설명한다 80

CHAPTER 2 설명 프레임 2, '대비'
상대의 이해도가 크게 높아진다

사람은 원초적으로 비교하고 싶어 한다 84
대비를 활용하는 3가지 유형 86

유형 1: 2가지 대상을 비교한다 - 비교의 왕도 87
유형 2: 평균과 비교한다 - 자신의 위치가 어디인지 알려주는 방법 89
유형 3: 하나의 대상 안에서 비교한다 - 대상이 단 하나여도 가능한 비교 방법 91
무기 1: 무수히 많은 사례 중에서 선발한 것임을 강조한다 - '1천 권 중에 한 권인 명저' 94
무기 2: 가상의 적을 활용한다 - 복숭아 동자의 도깨비 퇴치 96

CHAPTER 3 설명 프레임 3, '인과'

상대가 공감하고 납득한다

'수수께끼는 모두 풀렸어!'라는 짜릿함 102
유형 1: 관계성이 희박한 인과관계를 연결한다 - 강풍과 통 장수 104
유형 2: 제3의 원인을 찾는다 - 화학을 못하는 것은 '국어'가 약하기 때문 109
유형 3: 인과관계를 역전시킨다 - 공부하면 의욕이 솟는다 113

CHAPTER 4 설명 프레임 4, '컷 다운'

상대의 부담이 줄어든다

넘치는 정보는 스트레스가 된다 118
'무엇을 말할까'보다 '무엇을 말하지 않을까'가 중요하다 122
방법 1: 발췌 - 일부를 잘라낸다 124
방법 2: 요약 - 최대한 압축한다 128
방법 3: 추상화 - 사과와 바나나 → 과일 131
세부적인 것에 주목하지 않고 본질을 꿰뚫는다 136
절대 악용해서는 안 되는 다크사이드적 기술 139

CHAPTER 5 설명 프레임 5, '파괴'
설명에 의한 '이해 충격요법'

상대의 상식을 '파괴한 후 재건한다' 144
전반: 파괴로 충격을 준다 146
'지식 공유'가 대전제이다 148
작은 파괴로도 충분히 효과를 얻을 수 있다 149
전제를 깨는 파괴 152
세상에 역행하는 파괴 156
후반: 재건으로 본래의 화제를 전개한다 159
파괴의 힌트는 일상에 숨어 있다 162

CHAPTER 6 설명 프레임 6, '뉴스'
상대의 관여도가 향상된다

사람은 '새로운 것'을 좋아한다 166
'뉴스 프레임'을 구사하는 2가지 기술 169
기술 1: 화제와 관련성 높은 뉴스를 찾는다 171
기술 2: 화제를 추상화하여 뉴스에 연결한다 173
'뉴스 프레임'을 사용할 때 주의할 점 176

CHAPTER 7 설명 프레임 7, '희소성'
상대에게서 '알고 싶은 욕구'를 창출한다

'여기서만 하는 이야기'가 갖는 위력 180
"우리나라 사람 중에 0.3퍼센트만 아는 건데…" 182

입수하기 어려운 것은 가치가 있다 185
업계의 상식이라는 보물 창고 187
희소성을 가늠하는 2단계 189
단계 1: 업계와 업종의 역사나 구조를 조사한다 191
단계 2: 다른 업계 사람과 이야기해본다 194
모든 사람이 특별하다 196
비법 1: 경쟁을 의식하게 한다 198
비법 2: 자유를 제한한다 201

CHAPTER 8 설명 프레임 8, '복선 회수'
상대가 듣고 싶어지도록 덫을 설치한다

복선은 스토리텔링에 꼭 필요한 기법이다 204
'역시 그렇구나!'라는 쾌감의 표현 206
단계 1: 복선을 말로 제대로 전달한다 207
단계 2: 때를 기다려서 복선을 회수한다 210
복선 회수를 성공으로 이끄는 3가지 비결 212

CHAPTER 9 설명 프레임 9, '결정 유도'
상대의 결정을 통제한다

송죽매 코스에서 '죽'이 인기 있는 이유 220
내가 바라는 방향으로 상대의 결정을 이끄는 2가지 방법 222
방법 1: 나에게 유리한 전제를 만든다 224
방법 2: 나에게 유리한 선택지를 만든다 226

소거법을 사용해 특정 선택지로 좁힌다 234
결정권자가 따로 있을 때의 설명 요령 238

CHAPTER 10 설명 프레임 10, '자기주장'
논박하지 않고 주장을 관철한다

분위기를 깨지 않고 반대 의견을 전달하는 방법 244
'예스'로 시작하는 것이 요령이다 246
수용하기 어려운 제안을 받았을 때 실패하지 않는 대응 방법 248
논박해봐야 도움이 안 된다 250
'제3의 해법'으로 납득시키는 3단계 253
결론이 아니라 사실에 접근한다 257
상대의 의견을 포용하는 마법의 기술 261

CHAPTER 11 설명 프레임 11, '결여 어필'
상대의 '채워지지 않는 답답함'을 해소한다

사람은 부족한 것을 채우고 싶어 한다 266
성실한 공부벌레일수록 결여에 약하다 270
눈에 보이는 빈칸이 효과적이다 273

나오는 말 276
감사의 말 278
부록 – 설명 프레임을 적용해 '바로 쓸 수 있는 표현' 279
참고 문헌 291

들어가는 말

누구나 상대방이
듣고 싶게 만들 수 있다

사이가 나쁘지도 않은데 이상하게도 늘 의견이 안 맞는 직장 동료, 새로 출시된 제품이 이전 것과 어떻게 다른지 상세히 소개했는데도 "대체 뭐가 바뀐 거예요?" 하며 항의하는 고객, 내가 가장 좋아하는 운동선수 이야기를 해도 그다지 매력을 느끼지 못하는 친구, 감사의 마음이 좀처럼 전달되지 않는 가족, 인도 여행에서 있었던 흥미로운 일들을 이야기하는데 건성으로 듣는 듯한 배우자… 대체 우리는 왜 이런 상황에 빠지는 걸까?

그것은 바로 '당신의 이야기에 상대가 빠져들지 않기 때문'이다. 그렇게 되는 이유는 '소통 과정에서 발생하는 분단과 단절'에 있다.

예를 들어, 어떤 대상을 열광적으로 응원하는 팬클럽 내에서 통하는 말이 그 세계를 벗어난 순간에는 전혀 통하지 않는 것과도 같다. 이것이 '분단'이다.

'단절'의 경우는, 세대 간 이해도의 벽이 이전에 비해 높아졌다는 데 그 원인이 있다. 음악, 영화 같은 취미에서도 차이가 있고, 직장에서도 각자 자라온 성장 문화와 환경이 크게 다르기 때문에 각자의 사고방식과 지식의 간극은 꽤 크다.

또, 같은 세대여도 직업 전문성에 따라 제한된 사람에게만 정보가 공개되어 그 실상을 알 수 없는 업무가 많아진 탓에 옆자리 동료가 지금 어떤 일을 하는지 모르는 경우도 종종 발생한다. 노동 방식이나 생활방식이 다양화되면서 그 격차는 더 커지고 있다.

이런 간극으로 인해 서로 상대의 이야기를 들었을 때 '이해가 안 된다', '재미없다', '관심 없다' 등의 상황이 생긴다.

또, 최근에는 동영상으로 정보를 전달하는 것이 당연해지다 보니 그 배후에 있는 중요한 핵심을 말로 전달하는 설명 기술은 경시되고 있다.

이런 시대이기 때문에 더욱 '말로 하는 설명'이 중요하다.

2만 명을 교육한 경험과
대학원에서의 연구로 탄생시킨 '설명 프레임'

잠시 내 소개를 해보겠다. 그동안 '설명'에 관한 책을 여러 권 출간하면서 '전문가'로서 입지를 다졌지만, 사실 나는 타인에게 뭔가를 설명하는 것에는 자신이 없었던 사람이다.

하지만 교육에 대한 열정과, 화학이라는 과목에 대한 애정으로 대학원 졸업 직후 바로 일본 대학 입시계에서 손꼽히는 명문 학원인 슨다이예비학교에 입사했다. 이로써 '설명'을 본업으로 하는 강사가 되었다. 설명을 잘 못하는 나에게는 그때부터가 비극의 연속이었다.

반면에 다른 강사들은 놀랄 정도로 화술이 뛰어났다. 설명은 알아듣기 쉬웠고, 재미있기까지 했다. 그들에게 어떤 비결이 있는지 궁금해서 인기 강사의 강의를 여러 차례 견학한 결과, 유형화할 수 있는 '프레임'이 있다는 것을 알게 되었다.

실제로 내 강의 내용을 그에 적합한 프레임에 넣어 말해보니 학생들의 반응이 완전히 달라졌다. '입시 화학'이라는, 특별할 것 없는 과목인데도 열심히 들어주는 것이었다.

이후 여러 가지 프레임을 찾고 그것을 사용할 수 있게 된 결과, 내가 담당하던 계절 특강은 늘 수강생들로 가득 찼다. 그 결과, 일본에서는 화학 과목 계절 특강 수강생 수가 가장 많은 강사가 되었다.

'설명 전문가'로 독립한 후에는 기업 연수를 통해 2만 명이 넘는 경영자와 직장인의 말하기 트레이닝을 진행했다. 거기서 1천 명 이상의 사례를 분석하고, 대학원에서 다룬 언어화 연구 지식을 더해 마침내 나는 이 시대에 필요한 설명의 프레임을 완성할 수 있었다. 그것은 바로 이 책에서 소개하는 '11가지 프레임'이다.

'효과적인 설명'은 일과 생활에 유용하다

'말로 하는 설명'은 분단된 세계에 '다리'를 놓아준다. 즉, 서로를 이해하는 소통의 기술이 된다. 구체적으로는 어떤 기술인 걸까? 그것은 전혀 알지 못하는 것에 대해, 혹은 이전까지는 관심이나 흥미가 없던 것에 대해 듣고 싶게 만드는 기술이다.

상대의 감정을 자극해 듣고 싶게 만드는 설명.

이 책에서 정의하는 '효과적인 설명'이란 바로 이것이다. 여기서는 '효과적인 설명'의 기술을 11가지 프레임으로 소개하는데, 이 프레임을 배우고 실천하면 다음과 같은 이점이 있다.

- 자신이 전달하고 싶은 내용을 짧은 시간에 정확히 상대가 이해하게 할 수 있다.
- 연설이나 자기소개 시 '일을 잘할 것 같다', '함께 일해보고 싶다'는 인상을 심어줄 수 있다.
- 프레젠테이션과 회의에서 제안이 통과되어 자신이 하고 싶은 일을 실현할 수 있다.
- 처음 만난 사람에게도 '이 사람의 이야기를 또 듣고 싶다!'는 생각을 갖게 해줄 수 있다.

또한 프레임을 이용하면 다음의 3가지가 가능하다.

① 이야기를 빠르게 구성할 수 있다.
② 설명의 성공 확률이 높아진다.
③ 독자적인 프레임을 만들어내기 쉬워진다.

①은 설명하고 싶은 내용(화제)을 프레임에 넣기만 하면 바로 이야기를 만들어낼 수 있다는 의미다. 상대가 고개를 끄덕이게 만드는 데는 단 3분조차도 긴 시간이기 때문이다. ②는 연간 1,500시간 이상 강의하면서 실패를 반복하며 성공한 예를 압축해 실제로 응용할 수 있는 프레임으로 만들었기 때문에 어떤 경우에서든 높은 확률로 성공할 수 있다는 말이다. ③은 프레임을

사용하면서 그것을 자연스럽게 각색해 차츰 자신만의 프레임을 만들 수 있다는 뜻이다. 무술을 연마하면서 기술을 다듬는 것과 마찬가지다. 프레임 사용에 익숙해진다면 30초 안에 상대의 고개를 끄덕이게 만들 수 있을 것이다.

이 책에는 내가 각종 기업 연수에서 강의했을 때 참석한 사람들의 감상과 대학원에서 연구한 지식을 이 시대에 맞는 내용으로 정리해 수록했다. PART 1에서는 설명을 잘할 수 없는 이유를 분석하고, 효과적인 설명의 원칙을 정의했다. PART 2에서는 설명의 프레임을 소개하면서 바로 적용할 수 있는 표현을 정리해놓았다.

이 책을 활용해 독자 여러분이 청중에게 기대감을 주는 '설명의 달인'이 되어 자신의 무대를 더욱 넓힐 수 있다면 저자로서 매우 기쁘겠다.

성공적인 설명을 위한 대원칙

CHAPTER 1

왜 설명을 잘하기는 어려운 걸까

말하기에 자신 없는 사람들이 크게 착각하는 것

"아, 아쉽네…."

어느 유명 경영자의 강연회에 참석했을 때 나도 모르게 이런 말을 한 적이 있다. 강연 내내 너무 졸려서 내용이 하나도 머리에 들어오지 않아 힘들었는데, 스크린에 띄운 슬라이드 자료를 보니 그 자체로도 꽤 흥미로웠던 것이다. 그 순간 그런 말이 튀어나왔다.

현재 나는 교육콘텐츠 프로듀서로서 세미나와 연수 프로그램을 개발하며 경영자와 직장인을 대상으로 말하기 트레이닝을 진행하고 있다.

업무상 의뢰인을 만나 이야기를 듣다 보면, 알맹이에 해당하는 화제(이야깃거리)는 탄탄한데 내용이 머리에 들어오지 않을 때가 있다. 이야기가 제대로 전달되지 않는 것이다. 그럴 때는 업무 미팅이 따분해진다. '충분히 들을 가치가 있는 이야기인데 설명을 잘하지 못해서 정확하게 전달되지 않는 것이 안타깝다'는 생각마저 든다.

아무리 말을 열심히 해도 내용이 상대에게 전달되지 않으면 그 만남은 더 이상 의미가 없다. 듣는 이에 따라서는 시간 낭비로 느껴져 설명하는 사람이나 이야기의 내용에 부정적인 인상을 가질 수 있다. 그 때문에 결정적인 기회를 놓칠 수도 있다.

'이야기가 따분하다', '설명을 못한다'는 인상을 주게 되는 이유는 무엇일까.

설명에 자신이 없다는 사람이 흔히 하는 착각이 있다. 대개 그들은 자신의 이야기가 따분하거나 자신이 설명을 못하는 것은 말투나 몸짓, 또는 화제 자체에 문제가 있어서라고 생각한다. '원래 내가 말주변이 없으니까', '말할 때 손짓이나 몸짓이 자연스럽지 않아서', '화제가 워낙 재미없는 것이라서'라고 생각하는 사람이 많은 것이다.

그러나 1천 명이 넘는 사람들의 '설명'을 분석했을 때, 그것이 진짜 문제인 경우는 극히 드물었다.

본인이 생각하기에 어색한 것 같은 '말투'는 그 사람만의 인간미가 묻어나는 좋은 요소였고, 이야기의 내용도 상대에게 도움이 되거나 공부가 될 만한 것도 많았다. 오히려 설명하는 사람이 무리해서 유명인을 따라 해 개성을 잃는 경우가 종종 있었다. 겉으로 드러나는 퍼포먼스만 의식한 탓에 정작 이야기는 제대로 못 하는 것이었다.

 이야기를 상대에게 전달하는 것과 퍼포먼스적인 기술과는 전혀 상관이 없다. 나의 경험에 비추어 이 부분은 단언할 수 있다. 자신의 말이 상대에게 전달되지 않는 이유는 표면적인 기술 부족이 아니다.

> 1천 명의 사례를 분석한 후 찾아낸,
> 설명이 따분해지는 이유

상대가 따분하다고 느끼는 이유는 뭘까? 1천 명 이상의 사람들이 설명하는 것을 분석해서 찾아낸, 이야기가 따분해지는 이유와 유형에 대해 알아보자.

   이야기가 따분해지는 이유를 찾기 위해서는 화제를 상대의 지식과 관심 정도에 따라 4가지 영역으로 나눠서 생각할 필요가 있다.

상대의 지식과 관심 정도에 따른 4가지 영역
- **미지의 영역**: 상대가 알지 못하는 화제
- **관심의 영역**: 상대가 의식하고 있거나 흥미를 갖고 있는 화제

- **관계의 영역**: 상대와 관계가 있는 화제
- **자기의 영역**: 상대가 이미 충분히 알고 있는 화제

 다음으로 따분한 이야기 역시 4가지 유형으로 분류하여 생각해보자.

상대가 따분하게 느끼는 4가지 유형
- **유형 1**: 이야기의 내용을 전혀 모른다(상대의 반응은 '?').
- **유형 2**: 이야기가 자신과 관계없다(상대의 반응은 '상관없다').
- **유형 3**: 자신과 관계있는 내용이지만 당장은 소용이 없거나 굳이 알 필요가 없다(상대의 반응은 '그렇기는 하지만…').
- **유형 4**: 이미 알고 있거나 하고 있어서 당연하다(상대의 반응은 '그야 그렇지').

 이러한 4가지 유형을 앞서 말한 4가지 영역에 적용하면 그림 1-1-1과 같다.
 '미지의 영역'에 있던 화제가 누군가의 설명을 들은 후에도 그 자리에 머물러 있으면, '어? 내용을 전혀 모르겠어'라고 느낀 것이므로 따분한 상태다(유형 1). 마찬가지로 상대와 관계있는 화제가 설명 후에도 '관계의 영역'에 머물러 있으면 '그렇기는 하지만… 나는 할 수 없겠네'라고 생각하게 된 것이므로 그 이

[그림 1-1-1]

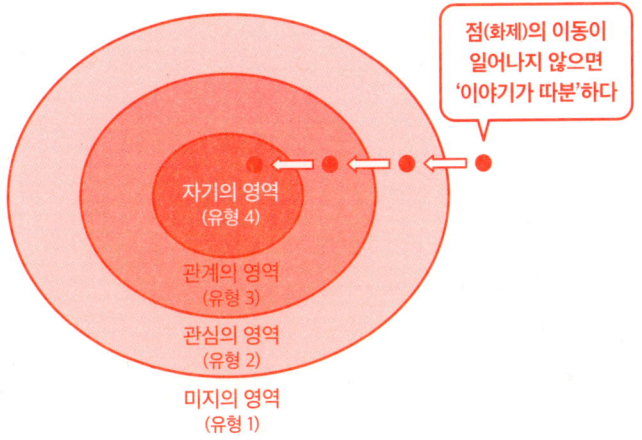

야기는 따분하다(유형 3).

 알 만한 사람은 이미 눈치 챘을 것이다. 4가지 영역의 어딘가에 존재하는 점(화제)이 그 영역보다 안쪽으로 이동하지 않을 때 이야기가 따분해진다는 것 말이다. 4가지 영역에서 '중심으로 향하는 점(화제)의 이동이 일어나지 않는 것'이 이야기가 따분해지는 이유다.

> 우리의 머릿속에 존재하는 3개의 벽과,
> 설명이 따분해지는 4가지 유형

2010년 3월에 단행본으로 처음 출간된 이후 2023년 12월까지 일본에서만 1억 4,000만 부 이상 판매된 『진격의 거인』(전 34권, 화집 1권으로 구성됨)이라는 만화가 있다. 내용을 간단히 소개하면, 갑자기 출현한 거인에 의해 인류가 멸망 위기에 빠지는 이야기다. 살아남은 인류가 '월 마리아, 월 로제, 월 시나'라는 3중의 거대 성벽 안쪽에 생활권을 확보해 겨우 살아가는 데서부터 이야기가 시작된다.

나는 이와 유사한 3개의 벽이 사람의 머릿속에도 있다고 생각한다. 점의 이동을 방해해 '따분함'을 느끼게 만드는 장벽들을 일컫는데, 이를 알기 쉽게 나타낸 것이 다음 장에 있는 그림

[그림 1-1-2]

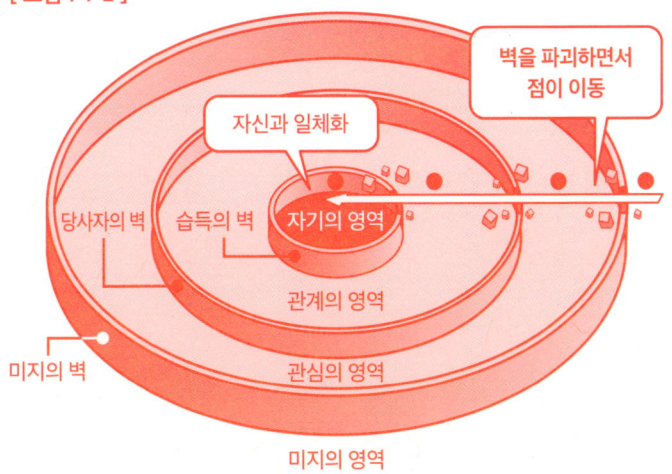

1-1-2다. 그림의 바깥쪽부터 순서대로 '미지의 벽', '당사자의 벽', '습득의 벽'이 있다.

이 벽들을 깨고 점을 안쪽으로 이동시키지 못하면 아무리 손짓 발짓의 퍼포먼스를 배우고, 이야기에 깊이를 주려고 많은 정보를 더해도 상대는 당신의 설명을 재미있다고 생각하지 않을 것이다.

즉, '미지의 벽', '당사자의 벽', '습득의 벽'이라는 3개의 벽을 무너뜨리면서 점(화제)이 '자기의 영역'으로 심화(자신과 일체화)해야 비로소 상대에게서 따분함이 해소되고 마침내 상대는 재미있다고 느낀다.

이야기가 따분해지는 4가지 유형과 거기에 가로놓인 3개의 장벽에 대해 하나씩 설명해보겠다.

> **유형 1**
>
> # 미지의 벽
>
> **최악의 반응은 '대체 무슨 말이지?'이다**

따분한 이야기의 첫 번째 유형은 '대체 무슨 말이지?'이다. 이것은 이야기가 상대의 머리에 각인되지 않거나 상대가 내용을 전혀 파악할 수 없는 경우다. 즉, 설명을 듣는 사람이 그 내용을 이해하지 못하는 상태를 말한다.

정보로 넘쳐나는 현대사회에서는 대부분의 설명이 이 '미지의 벽'에게 방해를 받는다. 너무 많은 정보에 노출되면 인지할 새도 없이 흘러가버리기도 한다.

물론 '미지의 벽'에 막히는 것은 과다한 정보에 노출될 때만이 아니다. 바로 앞에서 누가 말하는데도 내용을 전혀 이해하지 못한 적이 있는 사람도 많을 것이다.

예를 들면, 기초적인 지식이 없는 사람에게 학자나 전문가가 어려운 용어로 설명할 때 그런 상황이 일어난다. 혹은 예술가가 예술작품을 해설하거나 철학가가 다른 차원에 대해 설명할 때도 그럴 수 있다. 이런 경우에는 알아듣기도 힘들고, 흥미도 일지 않는다. 특히 말하는 사람과 듣는 사람 사이에 지식이나 이해도의 간극이 클 때 일어나기 쉽다.

듣는 사람이 재미있다고 느끼게 하려면 가장 기본적이고 중요한 관문인 '미지의 벽'을 깨야 한다.

여기서 중요한 것은, 어떻게 상대의 흥미나 관심을 이끌어내느냐. 화제를 '관심의 영역'으로 이동시키는 것이 '미지의 벽'을 깨기 위한 과제다. 상대가 '오!', '아하!' 하고 관심을 보이면 성공이다.

이를테면 많은 인공지능 기술에서 사용되는 '기계학습'에 대한 흥미와 관심을 유도할 때는, 단순히

> "기계학습이란 인공지능에 사용되는 기술의 하나로…"

로 시작하기보다는,

> "현대 인공지능의 핵심 기술. 사실은 우리 인간의 뇌 신경회로를 모방했다는 것을 아십니까? 그 기술이 기계학습입니

다. 기계학습은…"

으로 하는 것이 상대의 흥미와 관심을 유도하기 쉽다. '기계학습'에 대한 지식이 없는 사람도 '인간의 뇌'는 안다. 하지만 뇌가 학습하는 원리까지는 자세히 알지 못하는 경우가 많다. 그럴 경우에는 뇌와 인공지능을 연결하는 문장으로 '기계학습'을 설명하면 흥미와 관심을 이끌어낼 수 있다.

> **유형 2**
> # 당사자의 벽
> '나와는 관계없어'라고 생각하면 쉽게 잊어버린다

따분한 이야기의 두 번째 유형은 화제에 대해 어느 정도 관심은 있지만 '그래도 나와는 관계없는 이야기야'라고 생각하는 경우다. '당사자의 벽'이 버티고 있는 것이다.

극단적으로 말하면, 사람은 '자신과 직접 관계있는 것'에 흥미를 갖는다. 즉, 관심이 있어도 관계는 없다고 판단하면 쉽게 잊어버린다.

예를 들면 직장인이 창업에 관한 설명을 듣는 경우를 들 수 있는데, 이때 '창업에 관심은 있지만 당분간 직장을 그만둘 계획이 없으니까' 하고 생각하는 유형이다. 다소 흥미는 있어도 결과적으로 자신과는 관계없다고 판단하는 것이다.

'당사자의 벽'을 돌파하기 위해서는 듣는 사람이 자신과 어떤 관계가 있는지 상상하게 만들어야 한다.

"창업은 창업인데, 직장에 있으면서 하는 '신규 사업 추진'이라는 방법도 있습니다."

하고 현재의 상황과 크게 관계있음을 어필하는 것이 '당사자의 벽'을 깨는 비결이다.

참고로 말하면, '미지의 영역'에서 '관심의 영역', '관계의 영역'으로까지 끌고 가는 전문가 집단이 있다. 바로 광고회사 사람들이다. 그들은 온갖 기법을 이용해 신제품을 선전해서 일반인, 즉 '미지의 영역'에 있는 사람들에게 발신한다. 그렇게 신제품을 인지시키고 자신과 관계있다고 생각하게 해 구매로 연결시키는 것이다. 그래서 뛰어난 광고 카피가 재미있는 걸지도 모른다. 광고 카피를 분석하는 것도 설명의 기술을 배우는 데 효과적이다.

> **유형 3**
> ## 습득의 벽
> '나에게는 필요 없는 거네…'라는 안타까운 상황

따분한 이야기의 세 번째 유형은 '도움이 되는 내용이긴 하지만, 당장은 필요 없어. 내가 할 수 없으니까'이다. 화제가 자신과 관계있다는 것은 알지만, 우선순위에서 멀리 있거나 습득하려고 해도 뜻대로 되지 않아서 '습득할 수 없다(필요없다)'고 생각하고 실행하지 못하는 경우다. 여기서는 '습득의 벽'이 방해를 한다.

예전에 내가 진행했던 직장인 연수에서 이런 일이 있었다. 경영관리 부서 직원들에게 프레젠테이션 기술 습득을 강조하는 연수였는데, 그들의 경우에는 사내 회의에서 동료들에게 프레젠테이션을 할 필요가 있긴 했지만, 주 업무에 비해서는 압도적으로 기회가 적은 편이었다. 또, '나는 어차피 말을 잘 못하니까…'라고 생각하는 사람들이 많아서 프레젠테이션 기술 습득을 우선순위에 둘 필요성을 느끼지 못하는 것 같았다.

이런 유형인 경우에는 '어떻게든 당장 해봐야겠어!' 하는 생각을 갖게 만드는 것이 중요하다. 즉, 습득의 필요성과 긴급성을 이해시키는 설명을 해야 하는 것이다.

> "프레젠테이션 기술은 사람들에게 말하고 싶은 것을 열정적으로 전달하기 위한 수단만은 아닙니다. 여러분이 이 연수를 마친 후 당장 정리할 보고서와 상사에게 보내는 메일의 내용을 상대가 이해하기 쉽게 해주고, 동시에 소통에 문제가 발생하지 않도록 정확히 전달하기 위한 방법이기도 하니까요."

이런 식으로 설명해서 프레젠테이션 기술 습득의 우선순위를 높일 수 있었다. 경우에 따라서는, 상대가 설명 내용을 자신의 것으로 흡수해 자유롭게 구사할 수 있는 방법론과 구체적인 단계를 제안할 필요가 있다. 이에 대해서는 PART 2의 '이점 호소 프레임'에서 더 자세히 설명하겠다.

유형 4
당연함의 벽
'이미 알고 있는 거야'는 최대의 난적이다

따분한 이야기의 네 번째 유형은, '이미 알고 있고 또 하고 있는 일이라 그다지 특별하지 않은데?'라고 생각하는 경우다. 상대가 이미 당연하게 여기는 화제에 대해 설명을 들으면 따분할 수밖에 없다.

예를 들어 어른에게 구구단 설명하기 같은 것이다. 이미 자유자재로 구사하는 계산 기술이라서, 처음부터 자세히 설명하면 매우 따분해진다. 혹은 강연회에서 "인터넷 시대에 돌입해서…"라는 말을 들으면 '언제 적 이야기야?' 하며 거부감을 느낄 것이다.

듣는 사람의 지식수준이나 이해도를 알고 있거나, 또 듣는 사람이 한 명, 혹은 여러 명이라도 그 지식수준과 이해도에 큰 차이가 없을 때 거기에 초점을 맞춰 설명하면 이 벽을 극복할 수 있다.

상대가 당연하게 여기는 내용을 설명해야만 하는 상황이라면 배경과 주변 정보를 보충해 흥미를 이끌어내는 것이 좋다. 구구단의 경우에는 이와 관련된 역사적인 사건이나 다른 나라의 교육 상황을 보충할 수 있고, 인터넷의 경우에는 어떻게 인터넷이 개발되었는가 등을 더해서 설명할 수 있다. 이런 정보로 내용에 살을 붙이면 상대의 지적 호기심을 자극할 수 있다.

사실 '당연함의 벽'은 일상에서 자주 마주치는 어려움이기도 하다. 지식이나 경력이 각기 다른 사람들이 함께하는 회의나 프레젠테이션, 제품 설명회, 강연회와 대중 연설, 회사 연수, 세미나 등에서다. 소셜 미디어도 불특정 다수에게 지식과 기술 습득을 촉구한다는 면에서 보면 설명의 성격을 띤다. 책 집필 역시 그렇다.

화제에 대해 이미 알고 있는 사람과 전혀 모르는 사람이 섞여 있는 경우에는 어떻게 설명해야 할까?

'논리적 사고'를 설명하는 연수를 예로 들어보자. 이때는 우선,

"이미 논리적 사고를 실천하는 숙련자들은 아실 텐데…"

같이 시작해서 이에 대해 이미 알고 있거나 기술을 보유하고 있는 사람의 자존심을 세워줄 수 있으면 분위기가 훈훈해진다.

그것을 전제로 하고 그 지식과 기술을 더욱 잘 활용하는 요령이나 지속하는 요령을 설명하는 것이다. 그마저도 이미 알거나 실천하고 있는 사람에게는,

> "논리적인 사고 습관을 가지고 있을 때 얻을 수 있는 것이 있습니다. 바로 성장이 가속화한다는 것입니다. 왜냐하면 논리적으로 사고하는 사람은 새로운 정보나 개념을 누구보다 빨리 이해해 이를 실생활에 활용할 수 있기 때문입니다."

하고 논리적 사고 자체의 기능과 이점뿐 아니라 그것을 습득한 이후에 얻을 수 있는 가치와 의의에 대해서 설명하면 효과적이다.

또, 이런 사람들의 최종 단계는, 그들 자신이 말하는 입장(설명하는 사람)이 되게 하는 것이다. 그래서 경우에 따라서는 타인에게 전달하는 요령 등을 더해 설명한다. 예를 들면,

> "논리적 사고는, 익숙하지 않은 사람이 습득하기에는 상당히 어려운 사고법입니다. 주위에 그런 사람이 있을 때는, 일단 눈앞에 있는 정보를 계층별로 분류하는 작업부터 시작하

라고 조언하면 효과적입니다."

　당신이 설명한 지식과 기술을 상대가 습득하고, 이번에는 그 사람이 또 다른 사람에게 전달하게 한다. 그야말로 '지식의 전승', '지식의 연쇄'가 생겨나는 것이다.
　참고로 말하면, 이미 아는 화제를 주변 정보를 더하지 않고 그대로 설명해도 재미있다고 받아들이는 경우가 있다. 바로 설명하는 사람에게 듣는 사람이 호감을 갖고 있을 때다. '아, 또 그 이야기네. 전에 많이 들었지(웃음)' 하는 식이다. 단, 이것은 설명하는 사람의 문제에 해당되어 이 책에서 말하는 '효과적인 설명'과는 별개이므로 관심이 있으면 관련 도서를 읽어보기 바란다.

> ## '효과적인 설명'은
> 듣는 사람의 뇌를 만족시킨다

밥을 먹으면 포만감을 느끼듯, 사람의 뇌는 정보를 흡수했을 때 만족감을 느낀다. 사람은 정보와 지식을 얻지 못하면 살아갈 수 없는 생물이다.

넘쳐나는 정보를 소비하는 현대인은 '혀'가 아니라 '뇌'가 살찐다. 각각의 정보가 자신에게 가치가 있는지 없는지 엄격하게 심판받는 시대다.

그렇기 때문에 정보를 전달할 때는 듣는 사람의 뇌가 '저 정보를 내 것으로 하고 싶다'고 원할 만큼 재미있는 설명을 할 수 있느냐가 중요하다.

상대의 뇌가 '저 정보를 내 것으로 하고 싶다'고 원하는 설명,

즉 '효과적인 설명'이란 어떤 것일까?

나는 '성현설性賢說'을 믿는다. 사람은 본래 지적知的인 존재가 되고 싶어 한다는 가설인데, '웃음'처럼 재미 요소가 없는 설명이어도 지성을 높여주는 화제에 대해서는 '재미있다'고 느껴서 만족한다고 생각한다.

이것은 『동기와 성격』에서 심리학자 에이브러햄 매슬로가 주장하는 '자아실현 욕구'로, 쉽게 말해 지적 호기심을 일컫는다. 사람은 본래 '알고 싶다', '이해하고 싶다'는 욕구를 갖고 있다는 것이다.

그래서 '재미있다'고 여길 만한 설명을 하면 뇌에 '저 정보를 내 것으로 하고 싶다!'는 욕구가 생긴다. 결과적으로 상대는 그 정보를 자연스럽게 받아들이게 된다. 즉 '효과적인 설명'은 지적 호기심을 자극해 듣는 사람을 설레게 하는 설명이다.

> 왕복 4시간의 거리인데도
> 여름 특강을 수강한 제자와의 대화

효과적인 설명에는 부차적인 이익이 있다. 당신의 설명 내용을 상대가 다른 누군가에게 말하거나 글로 써서 전달하고 싶어진다는 것이다. 즉, 효과적인 설명을 하면 이야기의 내용이 확산되기 쉽다. 결과적으로 영향력을 가질 수 있게 된다.

내가 슨다이예비학교에서 강의할 때의 일이다. 어느 해 여름, 특강이 끝난 후 강사실로 남학생 2명이 찾아와 이런 말을 했다.

"역시 선생님 수업 들으러 오길 잘했다는 생각이 들어요. 전부터 꼭 듣고 싶었거든요!"

무슨 말이냐고 물어보니 학생들은 지방에서 도쿄까지 왕복 4시간이나 걸리는 거리를 내 특강을 듣기 위해 왔다고 했다. 내가 하는 수업을 듣는 것은 처음이라는데, 왜 그런 시간과 수고를 들이면서 기대에 어긋날지도 모를 위험을 감수했는지 궁금했다.

"내 수업을 들은 적이 없다면서 왜 이렇게까지 하면서 들을 생각을 했어요?"

그러자 한 학생이 이렇게 말했다.

"인터넷에서 여러 강사들의 강의 후기를 검색해보니, 선생님 수업이 가장 좋을 것 같았거든요!"

한 번도 내 수업을 들은 적 없는 학생들이 특별 수강료를 내면서도 여름 특강을 선택한 이유는, 인터넷에 소개된 강의 후기 때문이었다.

> '프레임'을 적용하기만 하면
> 누구나 잘 말할 수 있다

지금까지는 이야기의 재미를 느끼게 만드는 구조와 '효과적인 설명'의 정의에 대해서 알아보았다.

이런 재미있고 '효과적인 설명'을 매번 하기는 힘들 거라고 생각할 텐데, 이에 대해서는 걱정하지 않아도 된다. 왜냐하면 '효과적인 설명'에는 설명을 잘하기 위한 '대원칙'과 누구나 사용할 수 있는 '11가지 프레임'이 있기 때문이다.

나는 슨다이예비학교에서 많을 때는 연간 1,500시간 정도 강의했다. 그러려면 학생들이 따분해하지 않게 해야 했고, 또 그들의 성장으로 이어질 설명을 해야만 했다.

단지 실제적인 문제로, 매번 수업에서 '효과적인 설명'을 새로 준비하는 것은 물리적으로 불가능하다. 그래서 생각한 것이 '프레임'이었다. '재미있는 설명' 자체를 구조화한 것이다.

지금은 강연회나 세미나를 비롯해 기업을 상대로 한 연수와 프레젠테이션 등을 진행하는데, 그때마다 매번 화제가 바뀐다. 이제 나는 화제를 강사 시절에 만든 프레임에 적용하기만 하면 손쉽게 '재미있는 설명'으로 만들 수 있다.

이러한 프레임은 나 혼자만의 경험으로 만든 것이 아니다. 나는 도쿄대학교 대학원에서 언어화 연구도 했는데, 그 연구를 통해 1천 명 이상의 설명을 분석한 결과를 이 프레임에 포함했다.

화제(이야깃거리)가 무엇이든 상대가 재미있다고 느끼게 하는 설명의 '프레임'을 정리해 이 책에 담았다. 또한 프레임을 사용하는 타이밍과 구체적인 문장까지 아낌없이 정리했다.

다음 장에서는 '효과적인 설명'을 위해 반드시 필요한 '대원칙'부터 소개하겠다.

CHAPTER 2

효과적인 설명은 상대를 아는 것에서 시작된다

> 듣는 사람만이
> 판단할 수 있다

CHAPTER 1에서는 이야기가 재미없고 따분해지는 유형과, 상대가 재미있다고 생각하게 되는 구조를 알아보았다. 또 재미있는 설명이 바로 '효과적인 설명'이란 것에 대해 이야기했다.

이번 장에서는 '효과적인 설명'을 만들기 위한 '대원칙'을 살펴보겠다. 이 대원칙은 11가지 설명 프레임을 구사하기 위한 토대라고 할 수 있다.

대원칙을 정확히 이해해서 흔들리지 않는 토대를 만든 후, 그 전제에서 '재미없어지는 유형'을 피하고 '재미있는 설명'으로 바꾸는 '프레임'을 사용하면 짧은 기간에 확실한 성과를 낼 수 있다. 대원칙은 다음과 같다.

대원칙: 이야기의 내용이 재미있는지 그렇지 않은지는 듣는 사람이 판단한다는 것

아무리 '가치 있는 내용을 재미있게 설명했다'고 생각해도 들은 사람이 '따분하다'고 느끼면 그것으로 끝이다. 이는 당연한 것 같지만, 의외로 간과하기 쉽다.

예전에 동료 강사가 나에게 이런 넋두리를 했다.

"세상에, 오늘도 수업 시간에 학생들 절반 정도는 자더라고요. 대체 왜 내 수업이 얼마나 좋은지 모를까요? 정말 수준 높은 내용인데…."

어떤 내용이었는지 물어보니, 그 강사는 학생들이 좋아할 것 같아서 대학입시 범위를 뛰어넘어 대학교 교양 강좌 수준의 전문 지식을 이야기한 모양이었다. 나 역시도 매우 흥미롭고 설레는 내용이어서, 직접 수업을 듣고 싶을 정도였다. 그러나 학생들 입장에서는 입시 범위 내에 있는 내용을 최우선으로 알려주길 바랄 게 분명했다.

이야기를 듣는 사람의 현재 상황은 어떠한가? 무엇을 원하는가? 설명을 시작할 때, 이 2가지를 이해하지 못한 상태라면 '효과적인 설명'을 할 수 없다.

상대의 머릿속을 파악하기 위한 3가지 시점

지금부터는 '이야기의 내용이 재미있는지 그렇지 않은지는 듣는 사람이 판단한다는 것'이라는 대원칙을 지키기 위해서 구체적으로 무엇을 해야 하는지 알아보겠다.

이때 반드시 필요한 것은 '상대에 대한 프로파일링'이다. 여기서 말하는 프로파일링이란 상대에 관한 정보를 미리 수집해서 파악·분석하는 것을 말한다. 이야기의 재미를 판단하는 것이 상대라면, 상대를 아는 데서부터 시작해야 하기 때문이다.

프로파일링에서 해야 할 것은 사실 단 하나다. 말하기 전 단계에서, 설명할 화제(이야깃거리)가 상대의 지식이나 관심의 4가지 영역 가운데 어느 영역에 있는지 확인하고, 그것에 대해 어떤 생각과 느낌을 갖고 있는지 파악하는 것이다. 물론 이 단계에서는 추측하는 정도로도 충분하다. 중요한 것은 가능한 한 상대의 머릿속 상태를 알려는 노력이다.

상대의 머릿속을 파악하기 위해서는 다음의 3가지 시점으로 프로파일링해야 한다.

> **시점 1**: 현재 위치
> **시점 2**: 도달점
> **시점 3**: 가치관

먼저 시점 1인 '현재 위치'부터 설명하겠다.

> **시점 1**
>
> # 현재 위치
>
> **내가 지금 어디쯤에 있는지 확인한다**

상대에 대한 프로파일링을 할 때는 화제가 상대의 지식이나 관심의 4가지 영역 가운데 현재 어느 영역에 있는지를 가장 먼저 파악해야 한다. 설명하려는 화제에 대해 상대는 어느 정도 정보량을 갖고 있는지, 어느 정도 이해하고 있는지를 살피는 것이다.

물론 회사 동료나 거래처 사람처럼 이미 아는 경우라면 이런 정보는 비교적 얻기 쉽다. 한동안 왕래나 연락이 뜸했을 경우라면 전화나 문자메시지로 근황을 물어 정보를 모을 수 있다.

신규 영업처는 주변에서 정보를 얻거나 상담 전에 메일로 자연스럽게 상대의 상황을 확인하는 것이 좋다. 세미나 연수에서 처음으로 만나는 상대일 경우에는 세미나 주최자나 기업의 인사담당자, 수강생 등에게 정보를 수집하거나 사전 설문조사, 테스트를 실시하는 방법이 있다. 그렇게 한 다음에 말할 내용을 정리하고 효과적인 말하기, 즉 설명의 '프레임'을 선정한다.

내가 직장인을 대상으로 '설명 잘하는 법' 연수를 실시할 때 사용하는 사전 설문조사 항목은 다음과 같다(희망자에 한해 실시한다).

> **질문 1** 업무적인 소통에서 과제라고 생각하는 것, 불편하게 여기는 것이 있습니까? 있다면 누구와 누구 사이에 있는(가령 고객과 자신) 어떤 과제인가요?
>
> **질문 2** 업무 중 설명 능력이 부족해서 발생한 문제가 있습니까? 있다면 누구와 누구 사이에 있는 어떤 문제였나요?
>
> **질문 3** '설명 잘하는 법' 연수를 받고 나서 현장에서 올리고 싶은 성과에는 어떤 것이 있나요?
>
> **질문 4** 직원 연수에서 담당 강사에게 가장 기대하는 것은 무엇입니까?
>
> **질문 5** 직원 연수에서 하지 않았으면 좋겠다거나 강사가 이해해야 할 것이 있으면 가르쳐주세요.

질문 1과 2를 통해서 표면화된 문제와 과제가 무엇인지 대략 알 수 있다. 또, 여기에 쓰여 있지 않은 잠재적인 문제와 과제에는 어떤 게 있을지도 짐작할 수 있다. 3, 4의 답변에서는 상대가 습득하고 싶은 것이 무엇인지를 찾을 수 있다. 5는 상대에게 불쾌감이나 상처를 주는 발언을 하지 않도록 안전망을 만들기 위해서 넣은 질문이다.

'추측'의 정밀도를 높이는 방법

설명하기 전에 상대와 접점을 가질 수 없는 상황이나 사전 설문조사를 할 수 없는 경우도 많다. 그럴 때는 '추측'을 중심으로 프로파일링을 하자.

추측의 정밀도를 높이기 위한 수단에는 여러 가지가 있다. 예를 들어 세미나나 강연회에서 말할 때, 참가자의 명단을 사전에 볼 수 있으면 그것으로도 효과가 있다. 참가자의 소속 기업이나 업종 등 명단으로 읽을 수 있는 정보는 프로파일링에 도움이 된다. 어떤 사람이 참가하는지 파악해서 자신의 경험을 토대로 추측하는 것인데, 다만 참가자의 정보를 거의 입수할 수 없는 경우도 적지 않다.

예전에 지인 소개로 벤처기업 영업사원 연수를 진행한 적이 있다. 주제는 역시 '설명 잘하는 법'이었다. 규모가 작은 회사였는데, 인사부도 없는 데다 직원들이 너무 바빠서 사전에 연수 대상자의 정보를 알 수 없었다.

그래서 내가 한 것은 회사 홈페이지 검색이었다. 사전에 홈페이지를 구석구석 꼼꼼하게 확인했다. 또, 회사 홍보 활동의 일환으로 직원들도 SNS를 활용한다고 해서 직원들이 업로드한 글들을 보고 설명 기술의 수준과 과제를 확인했다.

이런 방법은 정보를 얻기 어려운 신규 영업처 등에도 사용할 수 있다. 우선은 가능한 한 상대를 아는 데서부터 시작하는 것이 효과적인 설명을 위해 반드시 필요하다.

> **시점 2**
> # 도달점
> **상대가 어떻게 바뀌기를 바라는지 정한다**

시점 2는 설명을 들은 후 '상대가 어떻게 바뀌기를 바라는가' 하는 상대의 도달점을 말한다. '화제를 상대 안의 어느 영역에서 어느 영역으로 이동시키고 싶은지'를 정하는 것이다.

자신이 '무엇을 말하고 싶은가'가 아니라 상대가 '어떻게 바뀌면 좋겠나'를 명확히 하는 것이 핵심이다. 거기서부터 역산하면 '어떤 프레임으로 설명해야 할지' 분명해진다.

구체적으로 모색해야 할 것은, 상대가 어느 영역까지 점을 이동시키고 싶은 건지, 즉 '설명을 듣는 사람의 욕구'다. 예를 들어 기업 연수에서 참가자들의 욕구는 오로지 '자기의 영역'으로의 이동이 된다. 강의에서 배운 내용을 현장에서 활용할 수 있겠다

[그림 1-2-1]

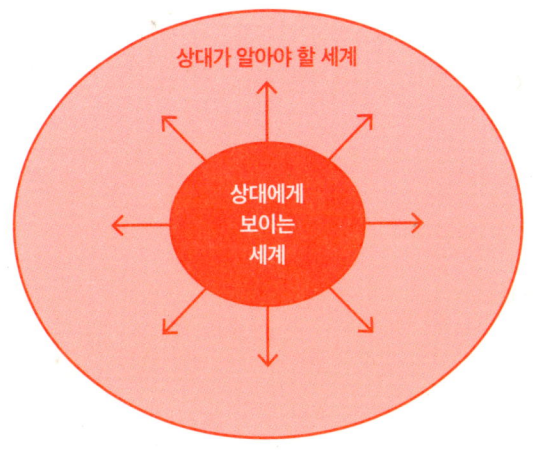

는 생각을 최종적으로 갖게 되어야만 비로소 만족감이 높아지기 때문이다.

물론 기업에 따라서는 참가자가 흥미나 관심을 가질 수 있으면 충분하다고 여기는 경우도 있다. 단, 여기서 중요한 것이 하나 있다. 바로 '설명하는 사람이 듣는 사람의 시야를 넓혀줘야 할 경우가 있다'는 것이다.

상대가 관심을 갖는 것만으로 충분하다고 생각할지라도 자신과의 '관계'까지 깨닫게 해주는 것이 상대에게 이점이 되는 경우가 적지 않다. 비즈니스 현장을 예로 들면, 새로운 제도나 법안의 통과, 자신이 속한 업계가 아닌 다른 업계의 문제 행위나

도산 등이 이에 해당한다. 또, 일상생활의 경우에는 재해 시의 대응책 같은 것을 들 수 있다.

이런 경우는 다소 관심이 있더라도 자신과는 그다지 관계가 없다고 느낀다. 주목할 만한 사건이 발생하지 않으면 자신과의 '관계'를 생각하기는 쉽지 않음을 많은 사람이 공감할 것이다.

이를테면 직장과 지역에서 이루어지는 재난 대비 강연이나 특정 지역에서만 배포되는 지자체 홍보지 같은 것을 들 수 있다. 여기서는 '대지진에 대비하자'라는 일반적인 설명에 그치지 않고 재해가 발생하면 직장이나 지역이 구체적으로 어떤 위험에 노출되며 왜 그런 위험이 발생하는지, 지반과 수로의 위치까지 파악할 수 있도록 설명한다. 또, 그에 맞춘 피난 훈련을 진행하고 방재용품을 준비하는 방법까지 전달할 수 있다면 그 설명은 상대에게 매우 가치가 높아질 수 있다.

상대가 생각의 범위를 넓힐 수 있도록 돕는 것도 설명하는 사람의 역할이다.

> **시점 3**
>
> # 가치관
>
> ### 상대가 지금 무슨 생각을 하는지 파악한다

시점 3은 '가치관'에 해당된다. 상대가 이야기를 재미있어 하는지 그렇지 않은지는, 상대의 가치관과 그 당시의 심리적 상태에 의해 결정되는 경우가 많다. 예를 들어 '당장 실적 채우는 것만도 버거운 상황인데 기업의 사회적 존재와 의의라니…'같이 생각하는 경우다.

시점 1 '현재 위치'에서 말했듯이 상대가 얼마만큼의 정보를 가지고 있는지와 그 정보에 대해 어느 정도 이해하고 있는지를 아는 것은 물론 중요하다.

그런데 더욱 중요한 것은 설명 내용을 긍정적으로 받아들이는지 아니면 부정적으로 받아들이는지 하는 인식의 문제다. 상대는 무엇을 좋아하거나 싫어할까? 설명하는 사람은 상대의 '가치관'을 파악해야 한다.

처음 만나는 거래처 직원이나 회사 내 다른 부서 사람, 또는 직위가 달라 첫 대면인 경영진의 경우, 그들의 가치관을 어디까지 알 수 있느냐로 설명의 성공 확률은 크게 달라진다.

물론 가치관이라고 해서 이념이나 비전처럼 거창한 것은 아니다. 그 사람의 본심이나 속마음, 느끼기 쉬운 감정, 욕망 또는 바람으로 충분하다.

상사와 부하, 또는 선후배 사이에서도 상대의 가치관까지는 잘 알기 어렵다. 평소에 상대가 어떤 화제에 흥미나 관심을 보이는지, 어떤 것에 시간과 돈을 쓰는지 관찰해둘 필요가 있다. 업무 시간 외의 휴식 시간이나 식사 모임 때는 특히 그 사람의 말과 행동에 주목하면 좋다.

상대의 가치관을 알 수 있는 효과적인 관찰 포인트가 있다. 바로 상대의 표정이다. 예를 들어 '설명'이라는 말을 했을 때, 미간을 찌푸리거나 입꼬리가 내려가면 기본적으로는 부정적인 인상을 갖고 있는 것이다. '자신은 할 수 없다', '어렵다', '사람은 논리만으로 움직이지 않는다'고 생각한다는 증거다.

또, 가치관을 알기 위한 사전 조사, 혹은 대면 질문으로 상대가 평소 어떤 콘텐츠를 소비하는지 알면 가치관을 더욱 정확히 이해하는 데 도움이 된다. 예를 들어,

"평소에 어떤 책을 읽나요?"

"잘 보는 텔레비전 프로그램은 무엇인가요?"

"휴일에는 무얼 하나요?"

이런 질문을 하는 것만으로도 상대가 어떤 정보를 소비하는 데 시간을 쓰고, 무엇에 기쁨을 얻는지 조금은 알 수 있다. 자신의 설명을 긍정적으로 들어줄 토대를 만들어두기 위해서 이런 질문으로 상대의 가치관을 알아두면 도움이 된다.

마지막으로, 이 대원칙을 정착시키기 위한 가장 좋은 방법이 있다. 그것은 바로 '상대에게 항상 관심을 갖는 것'이다.

설명하는 사람이 상대에게 얼마나 흥미나 관심을 가지는가 하는 것이 프로파일링의 성패를 결정한다고 해도 과언이 아니다.

PART 2에서는 '효과적인 설명을 위한 프레임'을 구체적으로 살펴보겠다. 표 1-2-1(64쪽)과 같이 프레임은 총 11개다. 적합한 상황과 영역의 이동을 참고하여, 관심 있는 프레임부터 읽고 활용해도 좋다.

[표 1-2-1] 효과적인 설명을 위한 11가지 프레임

번호	명칭	적용 가능한 상황	이동 영역	특징
1	이점 호소	영업, 회의, 프레젠테이션, 일상생활	모른다 → 관계, 자기	상대의 관심을 이끌어내는 특효약
2	대비	회의, 자기소개, 면접, 프레젠테이션, 일상생활	모른다 → 관계	상대의 이해도가 크게 높아진다
3	인과	회의, 프레젠테이션, 일상생활	모른다 → 관계, 자기	상대가 공감하고 납득한다
4	컷 다운	회의, 영업, 일상생활, 자기소개	관심, 관계 → 자기	상대의 부담이 줄어든다
5	파괴	영업, 프레젠테이션, 회의	관심 → 자기	설명에 의한 '이해 충격요법'
6	뉴스	회의, 프레젠테이션 (의 첫머리)	모른다 → 관심, 관계	상대의 관여도가 향상된다
7	희소성	영업, 면접, 일상생활	관심, 관계 → 자기	상대에게서 '알고 싶은 욕구'를 창출한다
8	복선 회수	프레젠테이션, 영업, 일상생활	모른다 → 관계, 자신	상대가 듣고 싶어지도록 덫을 설치한다

9	결정 유도	회의, 프레젠테이션, 일상생활	모른다 → 관계	상대의 결정을 통제한다
10	자기주장	회의, 자기소개, 면접, 일상생활	모른다 → 관계	논박하지 않고 주장을 관철한다
11	결여 어필	회의, 프레젠테이션, 영업	모른다 → 자기	상대의 '채워지지 않는 답답함'을 해소한다

효과적인 커뮤니케이션을 위한 11가지 설명 프레임

CHAPTER 1

설명 프레임 1
'이점 호소'

상대의 관심을 이끌어내는 특효약

적용 가능한 상황

영업, 회의, 프레젠테이션, 일상생활

> '설명을 듣는 이점'을 알면
> 상대는 관심을 보인다

첫 번째 프레임은 '이점 호소'로, 설명을 듣는 이점을 상대에게 전달하는 것이다. 예를 들어 프레임에 대한 설명을 듣는(읽는) 이점은 다음과 같다.

> "이 책에서 소개하는 '설명 프레임'을 습득하면 틀림없이 상대가 '재미있다'고 생각하는 설명을 할 수 있습니다.
> 예를 들어, 제 설명 기술을 들은 어떤 직장인은 처음으로 혼자 고객에게 한 프레젠테이션에서 높은 평가를 얻어 그 자리에서 제안이 통과되었습니다.
> 설명에 자신이 없었던 제가 학원 강사로 24년 넘게 갈고닦

은 설명 기술을 누구나 활용할 수 있는 프레임으로 만들어 알려주었기 때문입니다.

'효과적인 설명'을 위한 '프레임'은 모두 11개입니다. 어느 것부터 읽든 상관없으니 관심이나 흥미가 있는 프레임부터 읽어보기 바랍니다."

설명하는 사람과 듣는 사람 사이에 깊은 신뢰가 있다면 모를까, 사람은 누군가의 이야기를 들을 때 '저 이야기를 듣는 것으로 무슨 이득이 있을까?'를 가장 먼저 생각한다. '이점 호소 프레임'은 듣는 사람의 이점을 정확히 설명해 욕구를 불러일으키는 것을 목적으로 한다.

'설명을 듣는 이점'이란 설명을 듣는 것으로 상대에게 어떤 좋은 점이 있나 하는 것이다. 이 부분을 전달해야 비로소 설명을 들을 자세를 갖추기 때문이다.

이 이점은 상대방 자신도 미처 깨닫지 못하는 잠재적인 요구인 경우도 많다. 그렇기 때문에 그것을 언어화해서 정확히 전달하면 설명을 들어야겠다는 의욕을 불러일으킬 수 있다.

이 프레임을 사용할 때의 구체적인 순서는 다음의 4단계다.

- **단계 1**: 상대의 문제점을 표면화하고 이점의 존재를 일깨운다.
- **단계 2**: 성공 사례를 소개해 머릿속에 구체적인 그림을 그리게

한다.
- **단계 3**: 자신이 그 이점을 제시할 수 있는 이유를 말한다.
- **단계 4**: 이점을 누릴 수 있는 구체적인 순서를 설명한다.

이 순서대로 이점을 설명하는 것만으로도 상대는 놀랄 정도로 '설명을 듣는 이점'을 이해하고, 또, 이야기의 내용에 큰 가치를 느낀다. 그럼, 단계별로 하나씩 살펴보자.

> **단계 1**
> 상대의 문제점을 표면화하고
> 이점의 존재를 일깨운다

단계 1의 핵심은 다음의 3가지다.

핵심 1: 상대가 '아직 충분하지 않다고 느끼는 것'을 언어화해서 가르쳐준다.
핵심 2: 상대의 아픈 곳을 찌른다.
핵심 3: 그것을 회피하기 위한 구체적인 해결책을 제시한다.

상대가 잠재적으로 불충분하다고 느끼는 문제를 언어화해서 알려주고, 정곡을 찔러 문제와 과제를 분명히 자각시킨다. 이 단계에서 해결책이 있음을 제시하면 '설명을 듣는 이점'을 더욱 잘 이해할 수 있다.

'현실을 눈앞에 들이밀어 자기 일로 인식시키는' 설명부터 시작하면 효과적이다. 그렇게 하면 상대는, '확실히 이 상황은 문제가 있어', '확실히 이 서비스를 받으면 지금보다 좋아질 것 같아', '이 사람의 설명을 듣고 싶다!'라고 생각한다.

이에 대해 구체적으로 설명해보겠다. 먼저 상대에게 '해결해야 할 문제가 있지 않습니까?'하고 알려주는 데서부터 시작한다.

상대가 해결해야 할 자신의 문제(요구)를 자각하고 있으면 단계 1은 건너뛰어도 되는데, 의외로 본인이 자각하지 못한 채 잠재적인 요구로 남아 있는 경우가 많다.

예를 들어 기업 컨설팅에서는 발생하고 있을 문제를 고객이 자각하지 못할 때가 많다. 그런 경우에는 적극적으로 이끌어서 잠재적인 문제점을 인식시킨다.

구체적으로는, 상대의 잠재적인 '걱정거리', '문제점'을 표면화한다. 기업 연수를 기획하는 업무에서는 인사 담당자에게 다음과 같이 제안하는 방법이 있다.

> "연수를 실시하는 데 가장 큰 과제는 무엇이라고 생각하십니까? 그것은 연수에서 배운 것을 실제 업무에 활용하는 겁니다. 만일 활용할 수 없다면 연수에 투자한 시간과 비용은

전부 의미가 없어지니까요. 그것을 피하려면 '연수 내용의 복습 시스템화'가 중요합니다. 복습용 동영상과 워크숍을 활용해서 연수 내용을 복습하기 쉽도록 시스템을 만드는 것은 어떨까요?"

실제론 더 부드럽게 설명하긴 하지만, 대략 이런 내용을 전달하는 것이다. '연수에서 배운 내용이 현장에서 활용되지 못해 연수에 투자한 시간과 비용을 낭비할 수도 있다'는 것은 담당자도 어렴풋이 알고 있을 것이다.

그것을 의도적으로 직접 분명하게 말하는 것이 요령이다. 그렇게 하면 상대는 문제를 해소하고 싶은 충동을 느낄 것이다. 결과적으로 '설명을 듣는 이점'을 더욱 실감할 수 있다.

> 단계 2
> # 성공 사례를 소개해 머릿속에 구체적인 그림을 그리게 한다

2단계의 목적은, 이미 성과를 올린 사람의 성공 사례를 소개해 상대가 머릿속에 구체적인 그림을 그리게 하는 것이다. 단계 1에서 문제점을 표면화한 다음, 이렇게 설명을 추가하는 경우다.

> "예전에 30여 곳의 회사가 '연수 내용의 복습 시스템화'를 도입했는데, 그 가운데 ○○사에서는 연수 종료 2개월 후의 정착률이 80퍼센트가 넘었습니다. 복습 시스템을 실시하기 이전의 평균 정착률은 40퍼센트 전후로, 이 결과는 ○○사에서는 과거 최고 수치입니다."

고객의 성공 사례와 '결과적으로 어떻게 달라졌나'를 고유명사와 수치로 표현하면(물론 제시할 수 있는 범위에서) 상대도 구체적인 이미지를 떠올릴 수 있어서 '나(우리 회사)도 할 수 있지 않을까?' 하고 생각한다.

단계 3

자신이 그 이점을 제시할 수 있는 이유를 말한다

단계 3의 목적은 설명을 듣는 상대를 안심시키고 신뢰감을 주는 것이다. 단계 2를 마치면 상대의 머릿속에 성공 이미지가 그려진다. 거기에 한 번 더 쐐기를 박는 것이다.

'왜 설명하는 사람이 그 이점을 줄 수 있을까', '어떻게 그런 이점을 구축할 수 있었을까' 등 설명하는 사람이 그 이점을 제시할 수 있는 명확한 이유와 근거를 조목조목 말하는 것이다. 앞서 말한 '연수 내용의 복습 시스템화'에서 이점을 말하면,

> "(연수에 투자한 시간과 비용을 낭비하지 않기 위해서도) '연수 내용의 복습 시스템화'가 중요합니다. 복습용 동영상과 워크숍

을 활용해서 연수 내용을 복습하기 쉽도록 시스템을 만드는 것은 어떨까요?"

이렇게 문제의식을 표면화하고 이점을 제시한 다음에 설명을 이어간다.

"사실 저는 슨다이예비학교 강사로 온라인 강의를 했고, 퇴직 후에는 대학원에서 이러닝(E-learning, 컴퓨터를 이용한 학습)을 연구했습니다. 국제학회에 논문도 발표했죠. 이런 교육현장에서의 경험과 연구로 얻은 지식을 기업 연수에도 적용해 '연수 내용의 복습 시스템화'가 가능해졌습니다."

이렇게 상대의 문제를 해결할 수 있는 이유를 실적 등의 사실과 함께 근거로 제시한다. 또, 그 이점이 어떻게 만들어졌는지 알 수 있는 인과관계를 말해주면 신뢰감을 높일 수 있다.

중요한 것은, '내가 아니면 안 되는 이유'를 명확히 알리는 것이다. 그래야 비로소 '이 사람의 설명을 끝까지 들어보자!'라고 생각하게 된다.

> **단계 4**
> 이점을 누릴 수 있는
> 구체적인 순서를 설명한다

마지막으로 단계 4의 목적은 상대의 행동을 촉구하는 것이다. '효과적인 설명'은 상대가 움직여야 가치가 나타나기 때문이다.

상대가 단계 3까지의 설명을 이해했다면 그 내용을 실행하고 싶은 기분이 들 것이다. 여기서 때를 기다렸다 구체적으로 어떤 순서를 밟아야 능숙하게 구사할 수 있는 수준까지 갈 수 있는지를 알려주어야 한다.

단계 3에서 멈추지 않고 단계 4까지 끌고 가는 것이 중요하다. 왜냐하면 상대의 기분이 고조되었을 때 구체적인 행동으로 유도하는 단계까지 설명하지 않으면 의욕이 떨어져서 결국 아무것도 바꾸려 하지 않기 때문이다. '나중에 해야지' 하고 미루

다 그대로 잊어버릴 가능성이 높다. 구체적으로 예를 들면,

"이 QR 코드로 사이트에 접속해 고객 정보를 입력하면 됩니다. 오늘 안에 하세요."

처럼 상대가 해야 할 일을 날짜와 함께 전달하면 행동으로 유도할 수 있다.

'이점 호소'는 너무 당연한 일이라 부족해지는 경향이 있다. 사람에 따라서는 일부러 그러는 것 같아서 주저할 수도 있다. 그래도 상대를 움직이게 하려면 당신의 설명을 듣는 이점을 정확히 전달하는 것이 중요하다.

CHAPTER 2

설명 프레임 2
'대비'

상대의 이해도가 크게 높아진다

| 적용 가능한 상황 |

회의, 자기소개, 면접, 프레젠테이션, 일상생활

> 사람은 원초적으로
> 비교하고 싶어 한다

이번 장에서는 '대비 프레임'에 대해서 알아보겠다. 대비란 서로의 차이를 명확히 하기 위해 비교하는 것을 말한다.

대부분의 사람들이 대립 구조를 띠는 대비를 선호한다. 예술의 경우 '전통예술과 현대예술'로 나누어 설명하고, 게임이나 교육 분야에서는 '현실과 가상'으로 설명하는 식이다.

이런 대립 구조를 설명에 포함시키면 듣는 사람의 흥미를 끌 수 있다. 상대를 설레게 만드는 것이 대비 프레임의 목적이다.

이 프레임을 사용하면 왜 '효과적인 설명'이 될까?

상대가 지금까지 전혀 의식하지 않았던 것에 대해 '자신과도 관계가 있다'고 생각하게 되기 때문이다. 예를 들어 한때 유행

한 당질 제한 다이어트의 존재를 모르고 다른 다이어트를 하는 사람에게

> "그 다이어트에 비해 빠르면서 건강하게 감량할 수 있는 다이어트 방법이 있습니다. 바로 당질 제한 다이어트입니다."

라고 말하는 경우다. 즉, '알지 못하는 화제'였던 당질 제한 다이어트를 상대가 현재 하고 있는 다이어트법과 비교함으로써 단번에 '자신과 관계 있는, 무시할 수 없는 화제'로 인식시킬 수 있다. 비교하면 비로소 깊이 있게 이해할 수 있는 것이다.

> 대비를 활용하는
> 3가지 유형

어떻게 하면 대비를 활용해 설명할 수 있을까? 다음의 3가지 유형이 있다.

유형 1: 2가지 대상을 비교한다.
유형 2: 평균과 비교한다.
유형 3: 하나의 대상 안에서 비교한다.

 이 유형들을 적절히 적용해 설명에 대비를 더하면 상대는 '효과적인 설명'이라고 생각한다.
 먼저 유형 1에 대해서 알아보겠다.

> **유형 1**
> # 2가지 대상을 비교한다
> **비교의 왕도**

이것은 2가지를 맞대는 방법으로, 예를 들면 크고 작음, 높음과 낮음 등으로 비교하는 것을 말한다. 가장 정통적인 방법으로서 가장 사용하기 쉬운 유형이다.

이 경우에는 숫자를 사용해 그 차이를 나타내면 더욱 효과적이다. 숫자로 상상할 수 있는 경우이거나 숫자의 차이가 크면 강하게 각인되기 때문이다.

예를 들면, 고등학교 화학 수업에서 '전지(電池)'에 대해 설명할 때 이 방법을 쓸 수 있다. 전지에는 여러 종류가 있는데, 전기 자동차나 가정용 발전기에 이용되는 '연료 전지'를 설명한다고 가정해보자. 학생들에게 이 연료 전지에 대해서 "연료 전지의

세기는 사실 약합니다"라고 말하면 잘 알아듣기 어렵다. 만약 이것을

"연료 전지의 세기는 휴대전화의 배터리보다 약합니다."

라고 하면, 대부분 "아~" 하고 조금은 이해하는 모습을 보인다. 다시 여기에 숫자를 넣어서,

"연료 전지의 세기는 약 1.2볼트로, 휴대전화의 배터리로 사용되는 리튬이온 전지의 3분의 1 정도에 불과합니다."

라고 하면 된다. 이렇게 리튬이온 전지와 비교하고, 여기에 숫자를 추가해 연료 전지의 세기가 약하다는 것을 강조하면 상대가 쉽게 이해할 수 있다. 이처럼 숫자를 사용하는 것으로 상대에게 강한 인상을 줄 수 있는데, 설명에 숫자를 넣을 수 없는 경우도 있다. 그럴 때는 다른 방법도 있다. 예를 들어

"아내가 나보다 배짱이 있어요."

라고 할 경우, 배짱은 숫자로 나타낼 수 없기 때문에 구체적인 에피소드를 더하면 흥미를 끄는 설명이 된다.

> **유형 2**
> # 평균과 비교한다
> #### 자신의 위치가 어디인지 알려주는 방법

대비 프레임의 두 번째 유형은 3가지 이상을 비교하는 방법이다. 이럴 때는 평균치를 이용하는 것이 좋다.

우리는 모두 자신이 집단 내에서 어느 위치에 있는지를 의식한다. 즉, 설명을 듣는 상대를 다수의 사람(3명 이상) 중에서 비교하는 설명이 효과적이다. 상대의 위치가 평균치보다 높은지 혹은 낮은지를 설명하면 그것만으로도 미지의 상태에서 관심을 갖는 상태로 만들 수 있다.

예를 들어 임금의 경우를 들 수 있다. 자신이 받는 임금이 많은지 적은지 판단할 때는 보통 직장인 전체 평균이나 업계 평균을 본다. 평균치를 보고 안심하거나 혹은 속상해할 것이다. 일본 국세청이 발표한 연평균 임금은 2021년 기준으로 약 443만 엔(한화로 약 4,400만 원)이다. 많은 사람이 무의식중에 이 숫자와 자신의 임금을 비교하지 않을까.

또, 국가 전체라는 큰 범위보다 소속해 있는 조직 같은 작은 집단 내에서의 자신의 위치에 관심이 크다. 이를테면

"이 회사에서 당신의 출세 속도는 평균 이하입니다."

같은 말을 들으면 가슴이 뜨끔해진다. 이렇게까지 직접적인 표현은 아니어도 '평균치'를 사용해 비교한 순간, 그 설명의 내용은 상대에게 더 이상 남의 일이 아니다.

주위와 비교하는 시대는 아닐지 모르지만, 그래도 개인보다 집단을 중시하는 성향 때문에 평균치와의 비교는 신경 쓰이는 부분이다.

바로 쓸 수 있는 표현

- 이것은 ○○(수치)이지만, 평균은 □□(수치)입니다.
- 이 팀의 평균 매출액은 □□인데, 이번 분기 당신의 매출액은 ○○이나 올랐어요.
- 업계 평균은 □□(수치)이지만 우리 회사는 ○○(수치)입니다.

> **유형 3**
>
> # 하나의 대상 안에서 비교한다
> **대상이 단 하나여도 가능한 비교 방법**

세 번째는 '하나의 대상 안에서 비교'하는 방법이다. 하나인데 어떻게 비교를 하냐고 생각하는 사람도 있을 것이다. 비교는 2개 이상일 때 가능하다는 인식이 강하기 때문이다. 그러나 하나의 대상 안에서도 비교할 수 있다.

> "도쿄대학교에서 출제된 어려운 문제인데 순식간에 풀 수 있다."

이 말을 예로 생각해보자.
'도쿄대학교의 문제'라는 하나의 대상 안에서도, 풀이에 시간이 걸린다는 인식이 있는 '어려운 문제'와 '순식간에 풀 수 있다'는 상황을 대비시킬 수 있다.

이처럼 하나의 대상 안에 비교를 넣을 때 설명을 듣는 상대의 마음을 움직이는 요령은, 간극을 보여주는 것이다. 구체적으로 다음과 같은 표현이 있다.

> **바로 쓸 수 있는 표현**
> - ○○라도 □□
> - ○○인데도 □□
> - ○○였는데 지금은 □□

이 표현을 기억해두면 간극을 추가한 비교 설명을 쉽게 만들 수 있다. 설명에 숫자를 넣을 수 있으면 상대는 더욱 상상하기 쉬워진다.

내가 가르친 학생 중에 내신이 5등급밖에 되지 않는 아이가 있었다. 비록 재수로 대학에 가긴 했지만, 그런 내신 성적으로도 당당히 유명 대학 의학부에 합격해 지금은 의사로 일하고 있다.

이 제자의 이야기를 강연에서 말하면 청중은 꽤 크게 반응한다.

"내신 5등급에도 유명 대학 의학부에 합격했습니다."

이런 문장으로 간극을 연출해 설명을 듣는 상대의 마음을 움직일 수 있다. 다른 예로는,

> "이런 다기능 시스템인데 20퍼센트 할인된 가격으로 드립니다."
> "그 사람은 말주변이 없는데도 연간 100억 원의 매출을 올리는 최고의 마케터입니다."
> "그녀는 학생 때는 완벽한 문과 스타일이었는데, 지금은 실력 있는 시스템 엔지니어로 일합니다."
> "스파르타 교관이라 불렸던 그도 시작 15분 만에 눈물 흘린 영화."
> "철저히 완고한 그 사람이 1분 만에 꺾인 협상 테크닉."
> "초등학생인데도 연 매출 10억 원을 올리는 사장이기도 합니다."

이런 예시처럼 비교하면서 거기에 숫자를 추가하면 차이를 쉽게 파악할 수 있는 설명이 된다.

> **무기 1**
>
> # 무수히 많은 사례 중에서
> # 선발한 것임을 강조한다
>
> '1천 권 중에 한 권인 명저'

파괴력이 뛰어난 대비 프레임의 이상형이라 할 수 있는 2개의 무기를 소개하겠다.

  무기 1: 무수히 많은 사례 중에서 선발한 것임을 강조한다.
  무기 2: 가상의 적을 활용한다.

 첫 번째 무기는 '선발'이다. 이것은 '다수 안에서 비교해 골라낸 것'을 전달하는 설명이다.
 나는 이메일로 온 웹진은 거의 읽지 않는 편인데, 그래도 늘 빼놓지 않고 읽는 것이 하나 있다. 에리에스북컨설팅의 도이 에

이지 씨가 발행하는 《비즈니스북 마라톤》이다.

그 웹진을 읽는 이유는, 3만 권이 넘는 비즈니스 도서를 읽은 도이 씨가 출간된 책들 중에서 엄선해서 소개해주기 때문이다. 즉 '선발'이 전제에 있다. 이 웹진은 6,300호를 돌파했다(2023년 12월 기준).

어느 날 웹진에 『용감한 항해』라는 책에 실렸다. 소개문에는 '1천 권 중에 한 권인 명저'라고 쓰여 있었다. '선발'한 책들 가운데서 골라낸 명저임을 단 한 마디로 이해할 수 있었다.

여기서 내가 말하고 싶은 것은, 방대한 수에서 엄선해 소개한다는 사실에 상대는 고마움을 느낀다는 것이다. 지금처럼 정보가 많은 시대에는 '정보의 소용돌이에서 엄선해줬다'고 느낄 만한 문장을 사용하는 것만으로도 상대는 당신의 이야기에 큰 가치를 느낄 수 있다.

바로 쓸 수 있는 표현

- ○○ 가운데 엄선한 □□입니다.
- ○○ 정도 있는 중에서 골라낸 것입니다.
- 총 ○○페이지에 달하는 두꺼운 책인데, 그중에서 가장 도움이 되는 정보로 압축해 소개합니다.
- 실제로 설명하면 ○시간이나 걸리는데, 중요한 요점을 □개만 추려서 말하겠습니다.

> **무기 2**
>
> # 가상의 적을 활용한다
>
> **복숭아 동자의 도깨비 퇴치**

두 번째 무기는 가상의 적을 활용하는 방법이다. 이 무기는 설명을 듣는 상대의 시선을 한 방향으로 향하게 만드는 것이 목적이다. 달리 표현하면, 가상의 적을 만드는 것으로 자신과 상대 사이에 있는 공통의 가치관을 찾아내는 것이다.

그렇다면 어떤 가상의 적을 만들면 좋을까?

한마디로 말하면, '설명하는 사람에게 유리한 적'이다.

그런 적이 실제로 존재하는지 여부와는 별개로, 설명하는 사람이 자신의 주장에 정면으로 대립하는 적을 만들고, 설명할 때 활용하는 것이다. 그렇게 하면 동조성이 높아져 상대는 같은 방향을 봐준다.

'선 vs 악'이 정석이다

가상의 적을 구체적으로 설정하는 방법을 알아보겠다. 적의 종류는 주로 2종류다.

> 적 A: 악惡
> 적 B: 불편함

적 A는 악惡이다. 이것은 영웅이 주인공인 애니메이션에서도 흔히 볼 수 있는 설정이다. '선善: 정의'과 '악'이 비교 관계에 있다. 자신의 주장이나 설명이 '선'임을 소리 높여 말하기보다 '악'을 명확히 설정해 거기에 다른 논리가 있다고 주장하는 것이 효과적이다.

여기서 설정하는 가상의 적은 힘이 셀수록 설명을 듣는 상대의 기분도 고조된다. "우리는 업계 최고를 목표로 한다"고 말하기보다 "기득권익이라는, 단물을 빠는 모든 기업을 도태시켜 업계의 건전화를 목표로 한다"고 말하는 것이 상대의 공감을 얻기 쉽다.

좀 더 시야를 넓혀서 말하면, "함께 세계평화를 지향하자"라는 긍정적인 표현보다는 "함께 이 세상에서 전쟁을 없애자"처럼 부정적인 대상인 '전쟁'을 내세우면 상대가 상상하기 쉽다.

또, 가상의 적은 실존하는 인물이나 기업은 피하고 '개념' 수준으로 해두는 것이 무난하다. 그렇게 해도 그 '악역'은 역할을 다해준다.

"전시에는 이렇게 참혹한 일이 일어난다!" 하는 식으로 일단은 가상의 적이 강하다는 사실을 어필한다. 전쟁 외에 격차나 빈곤도 '거대한 악'으로 활용할 수 있다.

복숭아 동자(복숭아에서 태어난 아이가 세상을 어지럽히는 도깨비를 혼내주는 일본 설화) 설화에서도 도깨비의 악덕함을 어필한 후에 도깨비를 퇴치하듯이, '악'의 이미지를 상대에게 심어주는 것부터 시작한다.

바로 쓸 수 있는 표현

- ○○(가상의 적)에는 절대 지지 않습니다!
- ○○(가상의 적)은, 반드시 무너뜨립니다!
- ○○(가상의 적)을 없애는 것이 나의 최종 목표입니다.

'불편함'을 적으로 삼는다

이번에는 적 B다. 이것은 '불편함'을 가상의 적으로 설정하는 유형으로, 설명을 듣는 상대가 막연히 참는 것이나 불편함을 느끼는 것을 찾아서 거기에 자신의 설명과 주장을 덧씌우는 방법이다. 이를 일상생활과 관련된 설명에 응용하면 다음과 같다.

> "택배 기사가 하루에 여러 번 방문하면 아주 귀찮잖아요? 저희 회사에서 개발한 이 시스템은 같은 주소지의 택배물을 일괄적으로 배달하는 서비스를 실현하고 있습니다."

이처럼 상품의 장점을 설명할 때는 초반에 많은 사람이 느끼는 '불편함'을 넣어서, 그 불편함이라는 적을 무찌르자고 어필한다. 그렇게 하면 설명을 듣는 상대는 '이 사람은 나의 불편함을 알고 그것을 해결해줄 것 같아' 하며 결국 당신의 설명에 사로잡힌다.

CHAPTER 3

설명 프레임 3
'인과'

상대가 공감하고 납득한다

적용 가능한 상황

회의, 프레젠테이션, 일상생활

> '수수께끼는 모두 풀렸어!'라는
> 짜릿함

내가 초등학생 때부터 좋아한 추리 만화 『소년 탐정 김전일』에는 매회마다 다음과 같은 명대사가 반복된다.

"수수께끼는 모두 풀렸어!"

이 문장에 짜릿함을 느끼는 것은 나뿐일까. 나는 옛날부터 추리물을 좋아해서 에도가와 란포의 『소년 탐정단』 같은 추리소설을 탐독했다. 이런 추리물을 읽는 묘미는 사건의 '내막'이 밝혀지는 순간에 있다. 수수께끼에 대한 해설을 듣는 순간, 그 설렘은 말로 다 표현할 수 없을 정도다.

이번 장에서 소개하는 '인과 프레임'은 바로 이 '내막 밝히기'를 이용한 기술이다. '원인과 결과'의 관련성을 밝히는 설명이다.

인과 프레임을 사용하는 요령은, 결과부터 말하는 것이다. '결과'가 있고 이후에 '원인'이 차례로 이어진다는, 순서를 기억해두자.

바로 쓸 수 있는 표현
- 결과는, ○○였습니다. 그 원인은…
- 결과는 ○○입니다. 그 원인으로는…
- ○○이란 것이 결과입니다. 원인으로 생각할 수 있는 것은…

> **유형 1**
> # 관계성이 희박한 인과관계를 연결한다
> **강풍과 통 장수**

인과 프레임의 효과적인 사용법은 다음의 3가지 유형으로 나뉜다. 하나만 사용해도 간단히 '효과적인 설명'을 할 수 있다.

유형 1: 관계성이 희박한 인과관계를 연결한다.
유형 2: 제3의 원인(진짜 원인)을 찾는다.
유형 3: 인과관계를 역전시킨다.

유형 1은 '결과'와 '원인'의 거리가 먼 경우로, 서로 관계없어 보이는 것을 연결하는 방법이다.

예를 들어 '바람이 불면 통 장수가 돈을 번다(나비효과처럼, 어떤 일이 생김으로써 그와는 전혀 상관없어 보이는 일에 영향을 미치는 것을 비유적으로 나타낸 속담)'가 여기에 해당한다. '바람이 부는 것'과 '통 장수가 돈을 버는 것'과는 아무런 관계도 없는 것처럼 보인다. 이것을 설명하면 다음과 같다.

> "바람이 불어 흙먼지가 날리면 눈에 먼지가 들어가 눈병에 걸리고, 눈병 때문에 맹인이 늘어납니다. 예전에 맹인들은 생계를 위해 샤미센(일본의 대표적인 현악기)을 연주했지요. 맹인이 늘어나면 샤미센도 많이 필요합니다. 샤미센을 만들기 위해서는 고양이 가죽이 필요한데, 가죽을 얻기 위해서 고양이들을 많이 잡게 되죠. 고양이가 줄어들면 쥐가 늘어나고요. 쥐들은 통을 갉아먹기 때문에 통을 사려는 사람이 늘어나서 결국 통 장수가 돈을 벌게 됩니다."

이렇게 설명하면 이해하는데, 갑자기 '통 장수가 돈을 번다. 그 원인은 바람이 불기 때문'이라고 하면 머릿속에 물음표(?)만 떠오를 것이다.

사실은 이 물음표를 일부러 만드는 것으로 상대의 관심을 끌 수 있다. 관계성이 희박한 '결과'와 '원인' 사이에 필요한 정보가 빠져 있으면 '그 사이를 채우는 정보를 알고 싶다'고 하는 지적 호기심이 발동된다. 무의식중에 '이 둘 사이를 채우고 싶다'는 욕구가 생기는 것이다.

그때를 노려서, 사이를 채울 정보와 지식을 설명해 상대의 관심을 끌어당긴다. 이것은 '결여 어필 프레임'과도 연결된다.

관계성이 희박한 인과관계를 연결하는 예를 들어보자. 어느 날 학원 강의를 시작하면서 나는

> "중세 유럽에서 르네상스(문예부흥)가 일어난 요인 중 하나가 연금술이란 걸 알고 있습니까?"

하고 말을 꺼냈다. 그랬더니 학생들은 '연금술과 르네상스가 관련이 있다고? 왜?' 하고 궁금해했다. 그럴 때

> "사실은 이슬람권에서 유럽에 들여온 연금술로부터 화학이 발전했는데, 그 과정에서 물감과 조각을 만들기 위한 질 좋은 금속과 대리석을 얻게 되었고, 또 유리 가공 기술도 전파되었어요."

라고 설명했다. 르네상스와 연금술의 관계에 대해서는 남아 있는 문헌도 적고 여러 가설이 있지만, 적어도 르네상스를 물질적으로 지원할 수 있었던 것은 화학이 발전했기 때문이었다. '르네상스'와 '연금술'이라는 언뜻 무관해 보이는 것들을 인과

관계로 연결해 설명함으로써 상대의 흥미를 끌었던 것이다.

이 방법은 직장인이 프레젠테이션에서 사용해도 좋다. "이번에 개발한 신제품인데 사실은 여러분이 생활하는 이 지역과 관계가 많습니다"라고 말해서 '신제품이 우리 지역과 관계가 있다고?'라고 궁금하게 만들 수 있다.

구체적으로 어떻게 해야 '관계성이 희박한 인과관계'를 효과적으로 표현할 수 있을까?

관계성이 희박한 인과관계의 소재를 발견했을 때 그것을 재미있게 설명하는 요령은, 일부러 인과관계를 알기 어려운 내용으로 시작하는 것이다. '농작물의 수확량과 농약 사용의 관계'를 설명할 경우, 여기서 갑자기 "농약을 사용하면 농작물의 수확량은 감소합니다"라고 말하는 건 효과가 약하다. 그보다는 이렇게 말을 꺼내는 것이 효과적이다.

> "꿀벌의 수가 줄면, 농작물의 수확량이 감소한다는 걸 아십니까?"

이렇게 말하는 것으로 상대의 관심을 끌 수 있다. 그런 다음 설명을 이어간다.

> "수분(受粉: 수술의 화분을 암술머리에 옮겨 붙이는 일)을 돕는 꿀

벌이 농약 때문에 사멸하고, 그 결과 수분이 제대로 되지 않아서 농작물의 수확량이 감소합니다."

농약 사용으로 증가할 것이라 예상되었던 농작물의 수확량이 사실은 감소한다는 본래의 메시지를 전달하기 위해 일부러 인과관계가 약해 보이는 '벌'을 근거로 하여 설명하는 것이다.

상대가 무엇을 달성하기를 바라는지, 그 목표에서부터 거꾸로 생각하면서 상대에게 필요한 정보를 사이에 넣어 전달하면 효과적인 설명이 된다.

바로 쓸 수 있는 표현

- 사실, ○○의 진짜 원인은…
- ○○한 원인의 정체는…
- □□는, ○○가 진짜 원인이었습니다.

> **유형 2**
> # 제3의 원인을 찾는다
> #### 화학을 못하는 것은 '국어'가 약하기 때문

유형 2는 상대가 인과관계가 있다고 생각했던 문제에 '제3의 원인(이것을 '진짜 원인'이라고 한다)'이 숨어 있는 경우 사용할 수 있는 설명이다(그림 2-3-1).

학원에서 강의하던 시절에 나는 담임을 맡은 반의 학생들에게 "수학을 못해서 화학 계산 문제를 풀지 못하겠는데 어떻게 해야 해요?"라는 질문을 자주 받았다. 학생은 '수학을 못한다'를 원인, '화학 계산 문제를 풀 수 없다'를 결과로 인식한 것이었다(그림 2-3-2).

그러나 입시 화학을 위해 필요한 고교 수학은 극히 일부에 불과하며 고난도의 수학 능력은 거의 필요가 없다. 즉 '수학'을 못

[그림 2-3-1]

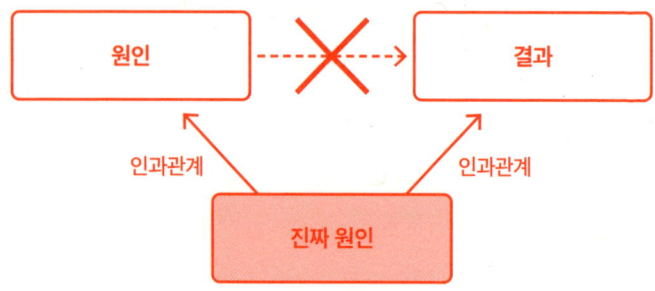

[그림 2-3-2]

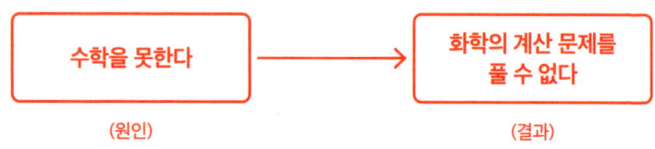

[그림 2-3-3]

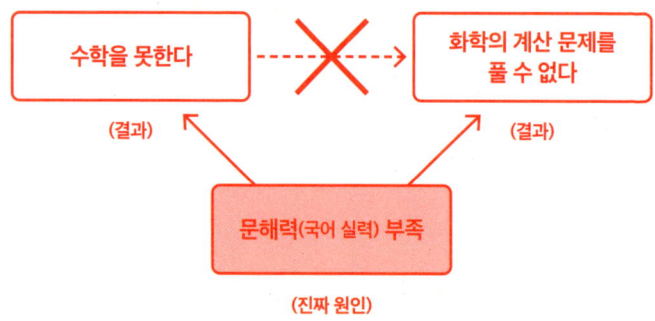

하는 것이 '화학의 계산 문제'를 풀지 못하는 원인이라고는 생각하기는 어렵다. 그럼 무엇이 진짜 원인일까?

내가 2만 명 넘는 학생들을 지켜본 경험에서 말하면, 화학의 계산 문제를 풀지 못하는 가장 큰 이유 중 하나는 '문해력 부족'이다. '문해력은 국어에서 필요한 것 아냐?'라는 사람도 있을 텐데, 물론 국어에서도 문해력은 필요하다.

단, 화학의 계산 문제는 응용문제일수록 실험 과정이 복잡하고 조건이 세밀하게 설정되어 있어서 문장이 길어지는 경향이 있다. 그렇기 때문에 문해력이 없으면 문제를 읽어도 '결국 뭘 계산해야 하는지', '문제의 문장에 나오는 어느 수치와 정보를 골라야 하는지' 등을 알 수 없다.

수학 강사에게 들은 바로는 수학의 경우도 상황은 비슷하다. 수학을 못하는 학생 중에는 문장제를 제대로 이해하지 못하는 학생이 적지 않은데, 독해를 잘못해 틀리는 경우가 많다고 한다. 즉, 문해력 부족으로 수학도 잘하지 못할 가능성이 충분히 있다.

이런 점들을 생각하면, 사실은 '수학을 못하는 것'과 '화학의 계산 문제를 풀지 못하는 것'이 인과관계에 있다고 하기보다 오히려 이 2가지를 일으키는 진짜 원인이 '문해력 부족'이라고 생각하는 것이 자연스럽다(그림 2-3-3).

일단은 이 '문해력 부족'이라는 '제3의 원인'의 존재를 확실히 한 다음, 문장제의 독해 실력을 높이는 요령도 함께 설명하면 학생들은 갑자기 귀를 쫑긋 세우며 관심을 보인다.

제3의 원인을 찾는 또 다른 방법으로 데이터 분석 등의 기법을 포함해 상당히 고도한 방법도 있지만, 여기서는 그런 기술을 필요로 하지 않는, 쉽게 사용할 수 있는 요령을 한 가지 알려주겠다. 바로 'A, B를 따로 생각해서 각각의 원인이 되는 요소를 밝혀내는 것'이다. 거기서 나온 공통의 요소 C가 A와 B의 '제3의 원인'이 될 가능성이 매우 높다.

핵심은 '따로' 생각하는 것이다. A와 B에 인과관계가 있다는 전제로 생각하면 제3의 원인은 나오지 않는다. 그보다는 A와 B를 완전히 별개로 하여 각각의 원인이 무엇인지 생각하는 것이 효과적이다. 앞서 언급한 예의 경우에는 '수학을 못한다(A)'와 '화학의 계산 문제를 풀 수 없다(B)'의 각각의 원인을 가능한 한 밝혀내고, 그 결과 '문해력 부족'이라는 공통의 원인이 나왔을 때 그것을 '제3의 원인'으로 두는 것이다.

지금까지 수면 아래에 숨어 있어서 정체를 알 수 없었던 진짜 원인이 드러나는 순간, 상대는 기분이 고조되고 설레게 된다.

바로 쓸 수 있는 표현

- ○○와 △△는 인과관계가 아니라 사실은 □□가 양쪽의 진짜 원인이었습니다.
- ○○와 △△에는, 진짜 원인인 □□가 있었습니다.

> **유형 3**
> # 인과관계를 역전시킨다
> **공부하면 의욕이 솟는다**

 유형 3은 처음에 원인이라고 생각했던 것이 사실은 결과이고, 결과라고 생각했던 것이 사실은 원인인 경우에 이용하는 설명이다. '닭이 먼저냐, 달걀이 먼저냐' 하는 이야기다.

 입시 공부를 할 때 '의욕이 없어서 공부를 할 수 없다. 의욕이 생기면 공부할 수 있다'고 생각하는 수험생이 적지 않다. 즉, 많은 수험생이 '의욕이 생긴다'가 원인, '공부한다'가 결과라고 인식하는 것이다.

 물론 의욕이 생기면 공부할 수도 있다. 이것은 틀린 말이 아니다. 그러나 의욕이 생기기 어려운 입시 공부에서는 이 인과관계가 역전될 때가 있다. 공부했더니 의욕이 솟는다. 즉, '공부하면(원인)', '의욕이 생긴다(결과)'라는 관계성이다.

여기에는 '작동흥분이론(일단 일을 시작하면 뇌의 측좌핵 부위가 흥분하기 시작해서 하기 싫던 일도 몰두하게 되는 정신 현상)'이라는 명확한 근거가 있다. 행동하면 의욕이 생기는 것을 뜻하는 심리학 전문 용어다. 행동하면 몰두하게 되고 의욕이 생기는 것이다. 수험생으로서는 지금까지 '의욕이 생긴다→공부한다'고 생각했던 인과관계가 180도 뒤집히는 것이다.

> "의욕이 없어서 공부를 할 수 없는 것이 아닙니다. 공부를 하지 않으니까 의욕이 생기지 않는 겁니다. 왜냐하면…"

이렇게 시작하면, 상대는 '어? 생각했던 것과 반대네'라며 깜짝 놀랄 것이다. 그렇게 관심을 끌 수 있다. 상대가 놀라워할 때 명확한 이론을 더해 설명하면 상대는 '그렇구나!' 하고 납득한다.

바로 쓸 수 있는 표현

- 사실은 ○○로 □□가 발생했던 것이 아니라 □□가 ○○를 발생시킨 원인이었습니다.

인과관계를 엄밀하게 풀어가는 것은 상당히 복잡한 작업이다. 상대가 지금까지 원인이라 여겼던 것은 결과와 무관하고, 원

인을 오해한 경우나 진짜 원인이 여러 개 존재하는 경우, 또 원인과 결과가 상호작용하는 관계에 있는 경우도 생각할 수 있기 때문이다.

다만, 지금까지 내가 인과 프레임으로 설명한 경우를 돌이켜본다면, 역시 앞의 3가지 유형을 활용했을 때 상대의 흥미와 관심을 크게 끌 수 있었다. 이해하기 쉬웠거나, 충격이 컸거나, 설명 난이도의 균형을 잡기 쉬웠기 때문이다.

그래서 일단은 이 3가지 사용법을 습득할 것을 권한다. 인과관계에 대한 상대의 편견을 설명하는 사람의 입장에서 고쳐 쓰는 것은 엄청난 위력을 발휘한다. 꼭 도전해보길 바란다. 이것은 설명 프레임 5 '파괴'와도 연관되는 사고법이다.

CHAPTER 4

설명 프레임 4
'컷다운'

상대의 부담이 줄어든다

| 적용 가능한 상황 |

회의, 영업, 일상생활, 자기소개

넘치는 정보는 스트레스가 된다

"효과적인 설명을 한마디로 표현하면, 상대의 지적 호기심을 자극하는 설명이다."

이렇게 짧게 정리하면 이 책의 주제인 '효과적인 설명'이 무엇인지 머리에 쏙 들어온다.

상대가 어떤 화제에 대해 어렴풋하게만 알고 있어서 흥미가 없지는 않지만, 그와 관련된 방대한 정보를 처리하지 못해 소화불량을 일으키는 경우가 종종 있다. 그래서 설명할 때는 필요한 정보만 뽑아서 압축해주어야 한다. 정보량이 줄면 상대는 그 정보를 이해해서 한 번에 기억하고 습득할 수 있다.

'컷 다운(cut down)'은 '삭감, 경감'이라는 의미로, 설명할 정보량을 줄이면서 상대의 부담을 낮춘다는 뜻으로 쓸 수 있다. '컷 다운 프레임'을 사용하면 상대가 느끼는 스트레스를 최소한으로 억제할 수 있다. '이것만 알면 된다'고 하면 정보 과다에 싫증났던 상대는 '살았다!'며 관심을 갖고 설명을 들어줄 것이다.

구체적으로 해야 할 것은, '○○를 한마디로 말하면…'이라는 문장을 설명할 때 쓰는 것이다. 이것만으로도 상대는 정보를 적극적으로 받아들이려고 한다.

바로 쓸 수 있는 표현

- ○○를 한마디로 말하면…
- 한마디로 ○○를 설명한다면…
- 이 ○○를 한마디로 표현하면…

상대에게 낯선 화제인 경우에도 컷 다운 프레임은 효과적이다. 단, 이 프레임은 이미 상대가 '정보량이 방대하다'고 인식하거나, 혹은 '이해하기 매우 어렵다'고 여기는 화제인 경우에 큰 효과를 발휘한다.

행동경제학에서 유명한 '전망 이론(prospect theory)'에 관한 설명을 컷 다운한다고 생각해보자.

"전망 이론이란 사람들이 위험을 수반하는 의사결정에 직면했을 때 어떻게 선택하는지를 설명하는 이론으로, 간단히 말하면 얻는 것의 기쁨보다 잃는 것에 대한 불쾌감이 강하다는 이론입니다."

이렇게 줄여서 설명해도 '전망 이론'을 전혀 모르는 사람에게는 설명이 컷 다운됐는지 어떤지 알 수 없다. 즉, 상대가 모르는 화제는 컷 다운해도 고마움을 느끼기 어렵다. 상대의 즉각적인 반응을 얻어내려면 서론에 다음과 같은 한마디를 더해서 컷 다운했다는 인상을 정확히 심어줘야 한다.

"제대로 설명하려면 1시간은 걸리는 내용인데…"

지나친 서비스 정신은 반대의 결과를 낳기 쉽다

화제나 주제는 정해졌는데, 자신도 모르게 이것저것 말하고 싶어지는 것은 사람의 타고난 성질이다. 특히 서비스 정신이 왕성한 사람일수록 그런 경향이 강하다. 단, 그 서비스 정신이 설명을 듣는 상대에게 꼭 좋은 것만은 아니다.

특히 '설명'에 관해서는 '최소한의 정보'로 이해와 깨달음을 얻을 수 있어야 가치 있다고 느낀다. 세세하고 방대한 설명보다 단순하고 간결한 설명이 상대의 스트레스를 낮춰준다.

또, '상대가 처리할 수 있는 정보'의 용량은 설명하는 사람이 생각하는 것보다 훨씬 적다고 정해두는 것이 좋다. 즉, 여분의 정보를 잘라낸 설명은, 사실은 엄청나게 가치가 높다. 효과적인 설명이란 잘라내고 연마한 다이아몬드 같은 것이다.

> '무엇을 말할까'보다
> '무엇을 말하지 않을까'가 중요하다

 내가 학원 강사가 되고 싶었던 계기는, 슨다이예비학교에서 전설로 여겨졌던 미쿠니 히토시 선생님 때문이었다(미쿠니 선생님은 이학박사이면서 슨다이예비학교에서 화학을 가르쳤던 분인데, 특별한 수법이 아닌 필기를 위주로 하는 정통적인 수업으로 인기를 모았다). 선생님은 생전에 다음과 같이 말씀하셨다.

 "무엇을 말할까보다 무엇을 말하지 않을까가 중요합니다."

 설명을 듣는 학생에게 가치 있는 강의가 되려면 정보량을 늘리는 것이 아니라 줄이는 것이 중요하다는 말씀이셨다.

내가 강사가 되었을 당시에는 선생님의 말씀이 무슨 의미인지 이해하지 못해서 '되도록 많은 지식과 정보를 말해주는 것을 좋아하지 않을까?'라고 생각했다.

그러나 실제로 학생들 앞에서 설명해보니 정보량을 줄였을 때가 훨씬 반응이 좋았다. 제한된 시간에 지식과 정보를 가득 채워 넣은 설명은 오히려 기피했다. 학생들에게 직접 물어보기도 했는데, 대다수가 '설명은 짧게 해주는 것이 좋다'고 했다. 그런 경험을 통해 선생님의 말씀을 조금씩 실감할 수 있었다.

화제의 '질'은 떨어뜨리지 않고 정보량을 컷 다운하려면 어떻게 설명을 전개해야 할까?

> **방법 1**
>
> # 발췌
>
> **일부를 잘라낸다**

화제의 질은 떨어뜨리지 않고 상대의 부담을 낮추는 방법은 다음의 3가지로 분류할 수 있다.

방법 1: 발췌

방법 2: 요약

방법 3: 추상화

첫 번째 방법인 '발췌'는 이야기할 내용 중에서 상대가 가장 먼저 알아야 할 것을 잘라내어 제시하는 설명으로, 화제의 총량이 많을 때 더욱 효과적이다.

여기서 대비 프레임을 떠올리는 사람도 있을 것이다. 약간의 차이가 있다. 컷 다운 프레임의 '발췌'와 달리, 대비 프레임의 '선발'에서는 여러 개의 소재를 비교해 그 가운데 최상의 것을 골라내는 것이다.

'발췌'를 설명에 사용하려면 화제에서 무엇을 잘라낼지 결정해야 한다. 이 책의 주제인 '효과적인 설명을 위한 11가지 프레임'을 예로 생각해보자. 이런 경우에는 시간 제약으로 모든 프레임을 설명하기 어려워서 컷 다운 프레임만 발췌해 설명하는 것이다. 이때 다음과 같이 설명하면 상대가 이해하기 쉽다.

> "'효과적인 설명'을 위한 프레임은 전부 11개입니다. 단, 이번에는 컷 다운 프레임만 설명합니다. 왜냐하면 이 컷 다운 프레임은…."

앞으로 설명할 내용이 전체의 일부임을 언급하고, 그것을 자신이 '의도해서 잘라냈다'는 것을 어필한다. 이 한마디를 넣는 것만으로도 상대는 많은 양의 정보 가운데 일부러 컷 다운 프레임만 발췌했음을 인식하고 듣게 되므로 설명의 가치가 커진다.

바로 쓸 수 있는 표현
- 오늘은 시간이 한정되어 있어서, 여러분에게 설명하고 싶은

것을 하나로 압축했습니다.
- 사실은 전부 설명하고 싶지만, 시간 관계상 지금 여러분에게 가장 중요한 것을 하나로 압축해 설명하겠습니다.

정당한 '변명'을 준비한다

발췌 방법을 사용할 때는 주의해야 할 것이 하나 있다. 바로 상대에게 '인색하다'는 인상을 주지 않는 것이다.

앞의 예로 설명하면, 경우에 따라서는 '이 사람, 나머지 10개 프레임을 알려주는 걸 아까워하는 건가?' 하고 미심쩍어할 가능성도 있다. 전부를 말하지 않고 일부만 잘라내어 말하는 것에 대해 상대가 불신감을 가질 수도 있는 것이다.

그런 상황을 피하려면 컷 다운 프레임만 발췌한 정당한 이유도 함께 설명해야 한다. 예를 들면 시간적 제약이나 설명을 듣는 사람의 이점을 들 수 있다. 구체적으로는 다음과 같다.

> "총 11개의 프레임이 있는데, 오늘은 컷 다운 프레임만 설명하겠습니다. 왜냐하면 이 프레임이 지금 여러분이 고민하는 업무 효율 향상과 직결되기 때문입니다. 구체적으로는, 타인과 주고받는 정보량을, 질을 떨어뜨리지 않고 컷

다운함으로써 소통에 드는 시간과 수고를 줄일 수 있습니다. 그래서 오늘은 컷 다운 프레임에 초점을 맞춰 이야기해 나가겠습니다."

이처럼 시간적 제약과 함께 이 방법이 상대를 위한 것임을 솔직히 말하면, 컷 다운 프레임을 발췌한 것을 상대도 이해해줄 것이다.

> **방법 2**
>
> ## 요약
>
> **최대한 압축한다**

두 번째 방법인 '요약'은 말할 내용을 압축해 설명하는 것이다. 발췌와 비교하면, 발췌는 화제의 일부를 골라내는 것이고, 요약은 화제의 전체상을 유지한 채 부피를 줄이는 것이다. 즉 발췌는 말할 내용을 부분적으로 골라내어 하는 설명이고, 요약은 전체를 포괄해서 전개하는 설명이다. 요약을 사용한 설명은 다음과 같이 시작하면 알기 쉽다.

바로 쓸 수 있는 표현
- 요약하면…
- 정리하면…

화제를 최대한 압축한 것이라는 사실을 알면 상대는 전체상을 파악한 것처럼 느낀다. 그러면 받아들이는 벽이 단번에 낮아져서 '나도 할 수 있을 것 같아!', '도움이 되겠는걸!' 같은 생각을 하게 된다.

바쁜 상대에게는 '결론만 전달'한다

비즈니스에서는 일반적인데, '결론만 짧게 전달'하는 방법도 있다. 이것은 '발췌'와 '요약'의 결합이라고 할 수 있다. 말해야 할 내용 가운데 꼭 언급하고 싶은 부분을 몇 가지 발췌해서 그것들을 하나로 정리하는 것이다. 결론뿐인 설명은, '아무튼 결론이 궁금'한 성급한 사람이나 '내용 전체를 들을 시간이 없는' 바쁜 사람이 특히 달가워한다.

결론을 발췌해서 요약한 설명으로 상대의 주의를 끌어 그 화제 자체에 흥미와 관심을 갖게 만드는 것을 가장 큰 목적으로 한다. 그다음에 시간이 있으면 서론이나 본론에 있는 근거와 구체적인 예를 추가해 전개한다. 이런 순서를 밟으면 스트레스 없이 설명을 듣게 된다.

> **바로 쓸 수 있는 표현**
>
> - 꼭 말하고 싶은 것은…
> - 결론부터 말하면…
> - 결국, 말하자면…

요약 내용이 필요할 때는 전문적인 '요약 사이트'를 활용해도 좋다. 예를 들어 '도서 요약 사이트' 등에서는 책 한 권을 10분 정도 분량으로 요약해 서비스하는데, 요약 내용을 직접 읽거나 들을 수 있다.

구체적으로는, 자신이 읽은 책을 요약 사이트에서 검색해 그곳에서의 요약과 책의 내용을 비교해보는 것도 도움이 될 것이다. 그렇게 하면 요약 요령을 배울 수 있다. 책의 요약을 보거나 듣는 것은 설명하는 사람으로서 배울 점이 많으니 꼭 시도해보길 바란다.

> **방법 3**
>
> # 추상화
>
> **사과와 바나나 → 과일**

  세 번째 방법인 '추상화'의 가장 큰 특징은 화제의 층(layer)을 올려서 전개하는 설명이다. 예를 들어 이야기의 소재가 '사과'라면 '과일'로, '개'라면 '동물'로 그 화제의 상위 개념을 찾는 작업이다. '사과·귤·바나나'를 설명할 때 이들의 상위 개념인 '과일'로 묶어 말하는 것이 '추상화'를 이용한 설명이다.

  사과·귤·바나나를 과일이라고 하면 정보량이 줄어든다. 즉, 소재를 추상화해 한 단계 올려 설명함으로써 상대에게 주는 정보량을 컷 다운할 수 있다. 두 번째 방법인 '요약'이 소재의 층을 크게 바꾸지 않고 정보량을 압축하는 것이라면, '추상화'에서는 소재의 층을 바꿔 정보량을 컷 다운한다(그림 2-4-1).

[그림 2-4-1]

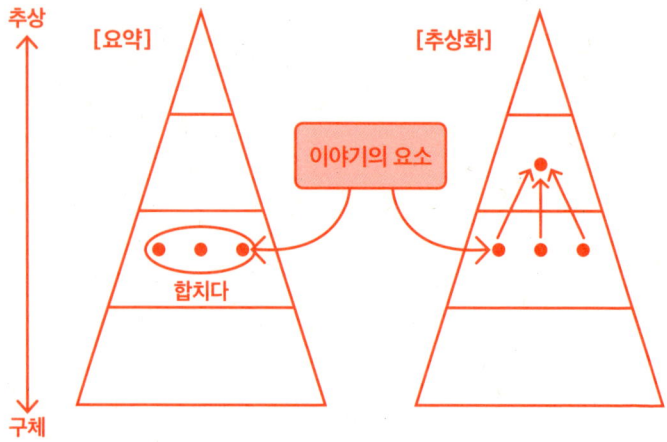

가장 사용하기 쉬운 추상화는 '분류'이다

설명에 어떻게 '추상화'를 이용하는 걸까? 가장 간단한 방법은 '분류'다. 사과·귤·바나나를 과일이라는 카테고리로 분류하거나 장르로 묶는다. 화학 과목에서 전도체(전기를 통과시키는 물질)를 설명할 때를 예로 들어보겠다.

> "나트륨은 전기가 통하고, 칼슘도 전기가 통하고, 알루미늄도 전기가 통하는데, 인은 전기가 통하지 않고, 황도 전기가 통하지 않습니다. 단, 철은 전기가 통합니다."

만약 이렇게 설명한다면, 듣는 사람이 스트레스를 느낄 것이다. 이럴 때는 다음과 같이 설명하는 것이 효과적이다.

> "금속인 나트륨(주기율표 1족에 속하는 알칼리 금속), 칼슘(주기율표 2족에 속하는 알칼리 토금속), 알루미늄, 철은 전기가 통합니다. 반면에 비금속인 인과 황은 전기가 통하지 않습니다."

금속, 비금속이라는 분류로 추상화한 다음, 거기서부터 설명을 전개하면 총량을 컷 다운할 수 있다.

추상화한 주제와 콘셉트를 먼저 말한다

'분류' 이외에도 효과적인 추상화 방법이 있냐고 물으면 나는 망설이지 않고 '이야기의 주제나 콘셉트를 한마디로 표현하는 것'이라고 대답한다. 상세하게 설명하기 전에 전체 주제와 콘셉트를 한마디로 전달해두면 상대가 이후의 설명을 받아들이기 쉽다.

먼저 이야기의 주제를 말하고 나서 설명을 전개하는 경우를 예로 들어보겠다. 앞서 말한 화학 수업의 경우에는

> "고체의 전도성에 대해서 설명하겠습니다. 금속인 나트륨, 칼슘, 알루미늄, 철은 전기가 통합니다. 반면에 비금속인 인과 황은 전기가 통하지 않습니다."

처럼 설명을 시작하면 상대가 집중할 수 있다. 비즈니스 장면을 예로 들면,

> "인재 육성에 대해서 설명하겠습니다. 인재 육성에는 프레젠테이션 연수와 매너 연수 등 업무 외에 모여서 성장의 기회를 만드는 직장 외 훈련(off the job training)이 있습니다. 반면에 영업에 동행하거나 한 쌍으로 프로그래밍을 하는 등 업무와 연동시키면서 성장 기회를 만드는 직장 내 훈련(on the job training)도 있습니다."

와 같이 할 수 있다. 설명을 본격적으로 전개하기 전에 '고체의 전도성에 대해서', '인재 육성에 대해서'라고 주제를 한마디로 말하는 것이다. 이렇게 하면 상대는 이후에 듣게 될 정보와 지식을 자연스럽게 받아들일 자세를 만들 수 있다.

설명의 콘셉트를 만드는 요령

다음으로는 '콘셉트'를 말하고 나서 설명을 전개하는 방법을 들 수 있다. 어떤 콘셉트로 설명하면 제대로 추상화할 수 있을까? 그것은 바로 상대가 머릿속에 '한 장의 그림'을 떠올릴 수 있는 콘셉트다.

그림과 시각 자료는 말 이상으로 많은 정보를 갖는다. 상대가 머릿속에 그림을 그릴 수 있게 된 순간, 하나하나 세세하게 설명하지 않아도 된다. 내가 기업의 인사 담당자에게 '설명 잘하는 법 연수 프로그램'을 소개하는 장면을 예로 들어보겠다. 연수 프로그램을 설명할 때는 이런 식으로 콘셉트를 말한다.

> "'그래서… 결국 말하고 싶은 것이 뭐냐?'고 상대가 묻지 않도록 설명 기술을 향상시키는 것을 목적으로 한 연수입니다."

이 한마디만 더해도 인사 담당자는 머릿속에 '결국 말하고 싶은 것이 뭐냐?'는 질문을 받는 자신을 상상하면서 '그건 피하고 싶은데…'라고 생각하게 된다.

> 세부적인 것에 주목하지 않고
> 본질을 꿰뚫는다

이제부터는 조금 어려운 내용일 수도 있다. 상대가 아직 깨닫지 못하는 사물의 '본질'을 꿰뚫는 것도 '효과적인 설명'을 위해서는 매우 중요한 것이기 때문이다. 이것이 가능하면 정보량을 줄일 수 있을뿐더러 상대가 새로운 시점을 획득할 수 있다. 그 덕분에 정보량은 적음에도 상대는 지식이 늘었음을 강하게 실감하게 된다.

화학 강사로서 학생부터 직장인까지 많은 사람들로부터 자주 받은 질문이 있다. "고등학교에서 다루는 물리학·화학·생물학·지구과학의 차이는 뭔가요?"라는 것이다. 그럴 때면 나는 이렇게 대답한다.

"이 과목들의 차이는, 다루는 입자의 크기가 다르다는 것입니다."

요점을 말하면, 물리학에서는 소립자부터 원자까지, 화학에서는 원자부터 분자까지, 생물학에서는 분자부터 생명 개체까지, 그리고 지구과학에서는 개체부터 지구·우주까지를 다룬다. 다루는 입자의 크기가 다른 것이다.

물론 물리학과 화학의 경우에는 입자로서 다룰 수 없는 에너지도 등장한다. 단, 그런 세부적인 부분에 주목하기보다 전문적인 용어를 일절 사용하지 않으면서 상대가 한 번에 알 수 있는 본질적인 핵심을 보여주는 것이 지적 호기심을 자극하기 위해 중요하다.

여기서 사물의 본질이란, 전문가의 입장에서는 지극히 당연한 것일 수 있다. 반면, 지식의 양이 적은 상대는 본질이나 전체상을 결합한 설명으로도 새로운 시점을 획득할 수 있다.

나도 설명을 듣는 입장에서 감명을 받은 적이 있는데, 내 전공이 아닌 세계사를 교양으로 공부해보겠다고 생각했을 때였다. 어느 날, 지인인 세계사 강사에게 "어떻게 하면 세계사를 짧은 시간 안에 이해할 수 있을까요?" 하고 물어보니 그가 이렇게 가르쳐주었다.

"세계사를 이해하는 요령은, 그 시대의 사람이 어떤 환경에서 무엇에 대해 어떻게 생각했는지를 아는 겁니다. 결국 역사는 사람의 감정으로 움직이는 것이니까요."

연대와 인명을 열심히 암기하기보다는 그때 사람들이 처한 환경과 일어난 사건에 대한 감정 변화를 아는 것이 역사의 큰 흐름을 빠르게 이해할 수 있다는 것이었다.

사회 과목을 단순 암기 과목으로 생각했던 나에게 이 시점은 매우 새로웠다. 그 순간 세계사에 대한 인식도 바뀌었을 정도다. 초보자 입장에서 지식 습득에 대한 벽이 단번에 낮아졌기 때문이다. 그야말로 재미있는 설명이라고 느꼈다.

설명하는 사람에게는 이런 정보나 지식이 익숙하겠지만, 듣는 사람을 위해 핵심을 짚어주면 상대는 상상 이상으로 감동할 수 있다.

> 절대 악용해서는 안 되는
> 다크사이드적 기술

마지막으로 이 컷 다운 프레임을 사용한 다크사이드적 기술(감춰진 욕망을 자극해 사람을 움직이는 기술)을 소개하겠다. 미리 말해두는데, 이 방법은 효과가 엄청나므로 절대 악용해서는 안 된다. 다음과 같이 3단계로 전개하면 된다.

- **단계 1**: 의도적으로 대량의 정보를 제공한다.
- **단계 2**: 상대는 정보 과다로 인해 스트레스를 느끼게 된다.
- **단계 3**: 그 순간 컷 다운 프레임을 사용해 스트레스를 해소시킨다.

왜 이것을 다크사이드적 기술이라고 하는 걸까?

이 순서로 설명하는 것만으로도 대다수가 당신에게 감사하거나 호의를 갖기 때문이다. 요컨대 의도적으로 상대를 스트레스 상황에 빠뜨린 다음, 설명하는 사람이 스스로 그 스트레스를 제거해주는 것이다. 확신범의 자작극과 같은 것이다. 다음과 같은 표현을 사용하면 효과적이다.

> **바로 쓸 수 있는 표현**
> - 지금까지의 이야기를 한마디로 정리하면…
> - 지금까지 이야기한 ○개의 노하우를 하나로 정리하면…, 결국 ××만 하면 되는 겁니다.

이렇게 하면 상대는 '하나로 정리해줘서 정말 고맙네'라고 생각하며 당신에게 감사할 것이다.

예를 들어 수십 페이지에 달하는 자료를 사용해 기업 연수 프로그램을 진행했을 때, 마지막에 이렇게 말하는 것과도 같다.

> "오늘은 역사와 전체적인 구성도 포함해 설명했는데, 결국 이 ○○만 알아두면 지금은 문제될 게 없습니다."

'원칙적으로 전부 설명해야 하지만, 당신에게 가장 중요한 것을 하나로 압축하면 이거다'라는 식으로 설명하면 상대는 기분이 좋아져서 설명하는 사람에게 감사하게 된다.

다크사이드적 기술을 사용할 때는 조심해야 할 것이 하나 있다. 그것은 단계 1에서 설명하는 대량의 정보가 최종적으로는 상대에게 전부 필요한 것이어야 한다는 점이다. 만약 그렇지 않다면, 상대는 어떻게 생각할까?

대량의 정보로 인해 스트레스를 강하게 느끼는 상대에게 "사실은 ○○만 알아두면 되고, 그 외의 정보는 필요하지 않아요"라고 하면, 상대는 '그런 건 미리 말했어야지!' 하고 크게 화를 낼지도 모른다. 그런 의미에서 이 기술은 양날의 검이라고 할 수 있으니 주의해서 사용하는 것이 좋겠다.

CHAPTER 5

설명 프레임 5
'파괴'

설명에 의한 '이해 충격요법'

| 적용 가능한 상황 |

영업, 프레젠테이션, 회의

> ## 상대의 상식을
> '파괴한 후 재건한다'

코페르니쿠스의 지동설, 뉴턴의 만유인력의 법칙, 아인슈타인의 상대성 이론, 다윈의 진화론, 왓슨과 크릭의 DNA 이중나선 발견 등은 이전의 여러 규칙과 법칙을 순식간에 뒤집은 새로운 이론들이다. 마치 뒤집기 한번에 상황을 역전시키는 보드게임처럼 말이다.

   이번 장에서 소개하는 '파괴 프레임'은 이미 상대의 머릿속에 있는 상식과 규칙을 일단 파괴한 다음 새로 쓰는 기능을 갖고 있다. 한마디로 '파괴와 재건(scrap and build)'인데, 이는 다음의 2단계를 거친다.

- **전반: 파괴** - 설명을 듣는 상대가 당연하다고 생각하는 '상식'을 부정해 파괴해서 충격을 준다.
- **후반: 재건** - 그곳을 메울 새로운 이론(본래 설명하려던 소재)을 제시해 재건한다.

우선 상대에게 충격을 준다. '헉!', '그게 무슨 소리야?' 하고 놀라게 만드는, 그런 느낌이다.

이미 30개국 이상의 나라에서 번역 출간된 『쇼크 독트린』이라는 책이 있다. 재난을 기회로 공공 영역을 민영화하는 자본주의 시스템이 인류에게 재앙을 가져올 수 있음을 경고하는 내용으로, 캐나다의 저널리스트인 나오미 클라인은 이 책에서 위기적 상황으로 충격을 받은 사람들은 자신들이 불리해질 경제정책을 받아들이기 쉬워진다고 지적한다.

의도적으로 일단 상대에게 충격을 주면, 설명을 받아들이기 쉬운 상황을 만들 수 있는 것이다. 이 프레임은 극약 처방에 해당하긴 하지만, 만약 자유롭게 구사할 수만 있다면 상대를 사로잡기 쉬운 방법이다.

> **전반**
> 파괴로 충격을 준다

먼저 충격을 주는 파괴부터 생각해보자. '파괴'의 타깃은 상대가 당연시하는 '전제'나 '상식'이다. 물론 천동설같이 중요한 이론이 아니어도 괜찮다. 일반적인 통념에 대해 틀렸다고 말하는 것만으로도 충분히 '파괴'가 된다.

지금도 나의 뇌리에 새겨져 있는 '파괴'를 사용한 설명은 다음과 같다.

> "지금까지 많은 사람이 커피를 마시는 것은 건강에 나쁘다고 생각했습니다. 심장질환의 위험을 높이고 수면에 방해가 된다는 의견이 많았죠.

그런데 최근 연구에서는 적당한 커피 섭취가 심장질환에 걸릴 위험을 낮추고, 알츠하이머병이나 당뇨병 같은 만성질환을 예방할 가능성이 있는 것으로 밝혀졌습니다. 커피는 해악이 아니라 오히려 정의의 편에 서 있다고 할 수 있습니다."

물론 이 내용에 대해서는 전문가에 따라 여러 견해가 있을 것이다. 여기서 내가 말하고 싶은 것은, '파괴'라는 사용법의 뛰어난 효과다. 우선 '커피는 건강에 좋지 않은 것'이라는 편견과 상식을 정면으로 부정(파괴)한다. 그런 다음에 커피를 섭취하는 구체적인 이점을 더함으로써 훌륭하게 마무리했다.

나는 아침에 일어나면 커피를 마시는 것을 좋아해서 항상 일종의 죄책감을 느끼고 있었기 때문에 이 이야기는 한 번 들었는데도 또렷이 기억할 수 있었다.

'지식 공유'가 대전제이다

 파괴 프레임을 사용할 때 주의해야 할 것이 있다. 반드시 파괴하는 것(상식이나 관습)에 대해 상대가 나와 같은 지식을 갖고 있다는 전제에서 사용해야 한다. 지식을 공유하고 있지 않으면 이 프레임이 가진 본래의 위력을 발휘할 수 없기 때문이다.
 앞서의 예로 말하면, 커피에 대한 지식이나 관심이 없는 사람에게 커피는 사실 몸에 좋다고 해봐야 그다지 재미를 느낄 수 없을 것이다. 전혀 모르는 것에 대해 '지금까지와는 다른, 정반대의 생각이다!'라고 주장하는 걸 이해하기는 어렵기 때문이다.
 그러므로 이 프레임을 사용할 경우에는 CHAPTER 2에서 언급한 '상대의 프로파일링'을 선행하는 것이 중요하다.

> 작은 파괴로도
> 충분히 효과를 얻을 수 있다

 여기서 의문이 하나 들 수 있다. '거의 확정된 사실을 말할 경우에는 파괴 프레임을 사용하기가 어렵지 않을까?' 하는 것이다.
 물론 지극히 당연하다거나 분명한 사실을 말해야 할 때는 어울리지 않는 프레임이라고 생각할 수도 있다. 그러나 실제로는 작은 파괴로도 눈에 보이는 효과가 있는 것이 이 프레임의 특징이다.
 작아도 파괴할 수 있다는 생각으로 시도해보자. 천동설에서 지동설로, 혹은 상대성이론의 발견처럼 눈이 휘둥그레질 만한 파괴를 목표로 할 필요는 없고, 또 그런 것은 애당초 파괴하기도 어렵다.

파괴 프레임을 사용해서 재미있었던 한 경영자의 강연을 소개하겠다. 그 경영자는 회사가 파산 직전에 있을 때 인재 육성을 중심으로 회사를 근본적으로 개혁해 연 매출을 수백억 엔 이상으로 회복시킨 전문가다. 그가 직접 인재 육성에 관해 알려주는 자리였는데, 그는 이 주제에 대해 다음과 같이 말했다.

> "기업의 인재 육성에 대해 말할 때 보통 '인재 육성은 ① 기업의 실적 향상과 ② 개인의 능력 발휘'라고 할 때가 많습니다. 즉, ①과 ②의 덧셈이죠. 그런데 제가 지금까지 해온 경험에서 말씀드리면 '② 개인의 능력 발휘'를 철저히 하면 결과적으로 '① 기업의 실적 향상'은 달성됩니다. 그래서 저희 회사는 인재 육성을 위해 우선 개인의 능력을 높이는 것부터 시작했습니다."

이 설명을 듣고 내가 재미있다고 느낀 것은, 인재 육성에서 보통 ①과 ②는 덧셈으로 생각한다는 전제를 언급하고(①+②), 그다음에 그것을 깨뜨린 후, 거기에 ②가 원인이고 ①이 결과라는(②→①) 새로운 견해를 제시한 것이다.

이 사례를 통해서는, 만약 당신이 말하는 주제와 화제가 어느 정도 확정된 사실이라 하더라도 통념과 상식의 '파괴'를 설명의 도입부에 더하면 '효과적인 설명'이 될 수 있음을 배울 수 있다.

파괴할 목표는 중요한 이론이나 상식이 아니어도 된다. 사회의 일반적인 통념, 상대가 이미 갖고 있는 사고방식, 인식 등을 부분적으로 조금이라도 파괴해보는 것이 중요하다. 새로운 시점을 주는 설명은 예상한 것보다 상대에게 더 큰 재미를 준다.

바로 쓸 수 있는 표현

- 지금까지는 ○○라 여겼는데, 사실은…

> 전제를 깨는 파괴

이어서 파괴 프레임을 활용할 때의 요령을 알아보겠다. 전반에 파괴 프레임을 사용할 때는 상대가 받을 충격을 최대화하기 위해서 다음의 2가지 기술 중 하나로 전개하는 것이 좋다.

파괴 1: 전제를 깬다.
파괴 2: 대세에 역행한다.

'전제를 깬다'는 상대에게 충격을 주는 가장 간단한 수법이다. 예로는 '콜럼버스의 달걀'이 가장 유명하다.

'신대륙을 발견하는 것은 누구나 할 수 있는 일'이라며 비아

냥거리는 사람들에게 콜럼버스는 삶은 달걀을 주면서 달걀을 세워보라고 했다. 그러나 할 수 있는 사람이 아무도 없었다. 그걸 본 콜럼버스는 달걀의 한쪽 끝을 깨뜨려 달걀을 세웠다.

결과만 보면 누구나 할 수 있을 것 같은 별것 아닌 일이었어도, '달걀을 깨선 안 된다'는 모두의 고정관념, '전제'를 깨는 중요함을 보여주는 일화다.

콜럼버스의 달걀을 보고 사람들이 충격을 받았던 것처럼, 전제를 깨는 설명은 상대에게 충격과 함께 발상 전환의 계기를 줄 수 있다. 예를 들어 다이어트를 열심히 하고 있는 여성에게

> "당신이 하는 그 다이어트 방법은 원래 여성에게는 맞지 않습니다."

라며 전제를 파괴해 충격을 줄 수도 있다. 파괴하면 상대의 머릿속에 공백(블랭크)이 생기기 때문에 후반의 '재건'에서 자신의 설명과 주장을 그 공백에 던져 넣기 쉽다.

> "그래서 여성에게 특히 효과를 발휘하기 쉬운 다이어트 방법을 제가 개발했습니다."

이런 식으로 설명을 해나가면, 이전에는 상대의 머릿속에 없

었던 신선한 발상이 자리 잡게 되고, 새로운 시점을 갖게 된 상대는 설명하는 사람이 생각한 것 이상으로 귀 기울여준다.

여기서 가장 효과적인 표현은 다음의 2가지다. 이 표현들에는 엄청난 힘이 숨겨져 있다.

> **바로 쓸 수 있는 표현**
> - 원래…
> - 사실은 그 전제가 잘못된 것으로…

이를테면 내가 입시학원에서 학생과 학부모에게

"원래 지금 시점에서 모의고사 성적은 지망 대학을 고르는 데 기준이 되지 않습니다."

라고 말하면, 학생과 학부모는 처음에는 놀란 표정을 짓는다. 대다수의 학생과 학부모가 모의고사 성적에 의존하는 경향이 있는데, 실제 대학 합격 여부는 시험 점수와 함께 대학이나 학과마다 기준이 다르기 때문이다. 모의고사와 실제 시험은 출제 경향이나 형식이 달라서 모의고사 결과만으로 합격 여부를 가늠하는 것은 난센스에 불과하다.

특히 고등학교 3학년생은 학교마다 교과의 학습 내용과 수업

진도에 차이가 있고, 또 성장 가능성이 충분히 있기 때문에 모의고사 점수는 참고하는 정도로 삼는 것이 좋다.

이런 경험도 포함해 '모의고사 성적에 의존하는 것은 옳지 않다'는 생각을 학생과 학부모에게 설명하면 '생각이 바뀌었다'고 말하는 경우가 많았다. 설명하는 사람이 생각하는 이상으로 전제를 파괴하는 설명은 상대의 마음을 크게 움직인다.

세상에 역행하는 파괴

이번에는 설명을 듣는 상대의 '충격'을 극대화하기 위한 두 번째 '파괴' 수법인 '역행'에 대해서 알아보겠다.

'역행'은 구체적으로 다음의 2단계로 전개한다.

- **단계 1**: 사회의 일반적인 인식을 조사해서 자신의 주장과 차이 있는 점을 발견한다.
- **단계 2**: 차이를 이용해 사람들과는 반대되는 주장을 한다.

단계 1에서는 자신의 주장이 사회의 일반적인 인식과 차이가 있는지 알아본다. 차이가 없으면 굳이 역행할 필요는 없다(물론 불가능하다). 반면에 좋은 의미에서 일반적인 인식과 차이가 있다면 그것은 기회다. '그건 뭔가 이상하다'와 같이 생각한 부분이 있다면 거기에 초점을 맞춘다.

예를 들어 코로나19 사태 때 주위에서 다들 '앞으로는 온라인 커뮤니케이션이 주류가 될 것이다'라고 했는데, 나는 그와 조금 달랐다. 온라인 커뮤니케이션이 확산될수록 사람은 대면 소통의 중요성과 가치를 발견하기 쉬워질 거라고 생각했기 때문이다. '역시 직접 만나는 게 좋다'라고 말이다. 그래서 온라인과 오프라인을 혼합한 '하이브리드형 커뮤니케이션이 주류가 된다'고 여러 방면으로 주장했고, 반응도 컸다.

다음으로 단계 2는 사회의 일반적인 생각과 자신의 생각과의 차이에 초점을 맞춰 다른 견해를 펼치는 것이다. 이를테면 '자주 이직하자!'는 풍조가 만연한 세태에 대해 옳지 않다고 생각한다면, '함께 회사를 키우자! 앞으로는 신규 사업에 집중하자!'라는 주장을 하는 것이다.

어떤 생각에 반발해 에너지를 한 방향으로 전환시킨다는 의미에서는 대비 프레임에서 설명한, 커다란 악이나 불편함 같은 '가상의 적'에 맞서게 하는 방법에 가깝다. 설명을 전개하기 전에는 반드시 다음과 같은 표현으로 일반적인 생각과 자신이 말하는 내용 속의 새로운 시점을 하나로 묶어서 설명해야 한다.

바로 쓸 수 있는 표현

- 일반적으로는 ○○라 생각하지만…
- 보통 ○○라 생각하지 않습니까? 그런데 실제론…
- 물론 ○○라고 생각하는 것도 이해합니다. 그러나…
- 그렇게 생각하는 것도 당연합니다. 그런데 거기에 더해서…

> **후반**
> # 재건으로 본래의 화제를 전개한다

파괴 프레임의 후반부인 '재건'은 '전반의 파괴를 메울 새로운 이론(본래 설명하려던 화제)을 덧씌우는 것'이다. 이제는 본래 하고 싶었던 화제를 전개하면 된다.

전반의 파괴가 이미 완료되었으므로 이 시점에서 상대의 머릿속은 그 부분이 빈 듯한 상태다. 거기에 당신의 새로운 이론(본래 설명하려던 화제)을 넣는 것은 쉽다.

물론 여기서 말하는 새로운 이론은 설명하는 사람 자신이 색다르다고 느끼지 않는 화제여도 괜찮다. 중요한 것은 상대가 '새롭다'고 느껴야 한다는 것이다. 그렇게 만들기 위해서 전반의 파괴가 필요하다.

그리고 마지막 쐐기가 있다. 이것이 매우 중요하다. 이 재건 단계에서는 주장이나 정보를 상대에게 납득시키기 위한 설명을 중심으로 전개한다. 여기서는 논리적인 설명은 물론, 근거가 될 만한 지식이나 사실도 함께 제시할 필요가 있다.

'왜 그 새로운 생각을 받아들여야 할까?', '그게 정말일까?' 하는 상대의 의문에 낡은 사고를 새로운 사고로 교체해야 하는 정당한 이유와 근거를 설명하는 것이다. 여기서 활용할 만한 표현으로는 다음과 같은 것들이 있다.

> **바로 쓸 수 있는 표현**
> - 왜냐하면…
> - 왜 그러냐면…
> - 사실 ○○라는 것이 있었기 때문입니다.

특별해 보이지는 않지만, 이런 표현을 활용한 후 자신의 주장을 확실하게 전개하는 것이 효과적이다.

나는 지금까지 1천 명이 넘는 경영자와 직장인의 설명 기술을 연구해왔는데, 재미있고 지적인 호기심을 자극하는 효과적인 설명을 할 수 있는 사람은 '역행'을 사용할 때 '재건'까지 확실히 했다.

바꿔 말하면, 설명이 따분하거나 어딘가 미심쩍다거나 하는 원인의 대부분이 '파괴에서 멈춰버리기 때문'이라는 것이다. 재건을 게을리하면 사회의 통념을 단순히 부정한 것이 되어버리며, 자칫하면 상대의 반감을 살 수도 있다.

주장이 없는 어중간한 역행은 오히려 역효과를 가져온다. 파괴로 상대의 생각을 깨버렸으면 재건으로 반드시 납득할 수 있는 논리나 증거를 함께 설명하길 바란다.

> # 파괴의 힌트는 일상에 숨어 있다

세상이란 참 재미있게도, 추가 매달려서 흔들리는 진자처럼 매사에 반드시 반동이 있다. 어느 한쪽으로 흔들렸으면 반드시 그 반대쪽으로도 흔들리게 되어 있다. 디지털 지상주의에서 아날로그로의 회귀가 그런 경우다.

과학기술의 발전으로 스마트폰과 태블릿이 보급되면서 정보 수집부터 엔터테인먼트까지 디지털 중심인 세상이 되었다. 그런데 최근 몇 년간 아날로그의 매력을 재발견하는 사람이 늘고 있다. 종이책과 그림책, 아날로그 레코드, 필사 노트와 편지 등 디지털과는 다른 아날로그의 깊이와 따뜻함을 찾는 움직임이 늘어나고 있는 것이다.

또, 조금 지난 이야기지만 속도지상주의에서 슬로 라이프로의 전환도 일어났다.

현대는 정보의 고속화와 즉시성이 요구되는 시대로, 많은 사람이 바쁜 일상을 살아간다. 그로 인해 스트레스와 과로가 사회 문제가 되어 여유로운 시간을 보내는 것에 대한 중요성이 재평가되고 있다. 슬로푸드, 명상, 요가 등 느긋하게 시간을 보내는 것을 중시하는 생활방식이 주목을 받고 있다.

물론 이렇게까지 큰 반동은 아니어도 세상에는 크든 작든 늘 반동이 일어난다. 세상이 어느 한쪽으로 흔들릴 때가 사실은 '역행'의 기회다.

그렇기 때문에 작아도 빠짐없이 반동의 싹을 발견해서 역행으로 설명할 수 있는 화제가 있는지, 혹은 편향된 상식을 깰 수 있는지 생각해봐야 한다. 그렇게 하면 파괴 프레임을 쉽게 구사할 수 있을 것이다.

CHAPTER 6

설명 프레임 6

'뉴스'

상대의 관여도가 향상된다

적용 가능한 상황

회의, 프레젠테이션(의 첫머리)

사람은 '새로운 것'을 좋아한다

20~30대 청년의 70퍼센트 이상이 전화 공포증?

도내 IT 기업의 실태 조사

도쿄도 주오쿠 소재의 IT 기업 '소프트'가 실시한 '전화 응대 업무에 관한 실태 조사'에서 20~30대의 70퍼센트 이상이 전화 통화에 어려움을 느껴 전화기 사용을 기피한다는 결과가 나왔다. 소프트는 인터넷을 통한 소셜 네트워크 서비스의 메시지 기능 보급으로 전화로 말할 기회가 감소한 탓에 전화 공포증에 빠진 젊은이가 늘고 있다고 분석했다.

— 《마이니치신문》, 2023년 11월 13일

이 기사를 소개한 이유는 이 책에서 다루는 주제이기도 한 커뮤니케이션에 관한 내용이기 때문이다.

이번에 소개할 것은 '뉴스 프레임'이다. 뉴스는 많든 적든 듣는 사람, 읽는 사람의 흥미와 관심을 끄는 성질이 있다. 상대가 모르는 화제를 설명할 때는 뉴스와 결합해 설명하면 흥미와 관심을 유도하기 쉽다.

약간 다른 이야기처럼 보이겠지만, 새로운 기종이나 신상품에 끌리는 사람도 많다. 일상에서도 가전과 서적의 신상품에 관심을 보이는 경우를 흔히 볼 수 있다. 이것은 새로운 것에 이목이 집중된다는 하나의 증거라고 할 수 있다.

독일의 철학자 쇼펜하우어가 말한 내용을 정리한 책 『독서에 관하여』(読書について)에는 다음과 같은 말이 있다.

> "일반 독자는 새로 나온 신간만 읽으려고 한다. (생략) 그들은 신간이기만 하면 달려들고, 위대한 정신의 소유자가 쓴 고전은 책꽂이에 모셔둔다."

이처럼 오래전부터 사람은 새로운 정보와 지식에 흥미를 갖고 있었다. 이러한 경향은 사람의 본능으로, 이것을 '확산적 호기심(diversive curiosity)'이라고 한다. 이 호기심은 인간이 진화하는 과정에서 발달한 것으로 보인다. 수렵채집 시대에는 최신 정보를 갖는 것이 생존과 직결되었는데, 이 습관이 현대인의 DNA에도 남아 있는 것 아닐까.

현대인의 경우, 최신 뉴스를 모르면 사람들 사이에서 화제에 따라갈 수 없으며, 교양이 없어 보일지도 모른다는 두려움도 있다. 최신 정보를 알거나 신상품을 가지고 있으면 왠지 스스로 멋지다고 느끼기도 한다. 이런 것들도 포함해서 우리는 최신 정보와 지식에 관심을 갖는 경향이 강하다고 할 수 있다.

그렇기 때문에 상대가 모르는 화제를 설명할 때 뉴스를 이용하는 것이다. 다음과 같은 표현을 사용하면 뉴스의 성질을 나타낼 수 있다.

> **바로 쓸 수 있는 표현**
> - 지난주에 ○○가 있었는데…
> - 오늘 이곳에 올 때 ○○한 일이 있었는데…
> - 최신 연구에서는…

갑자기 화제를 꺼내는 것이 아니라 설명해야 할 화제(중요 메시지)와 관련된 뉴스부터 시작하면 상대가 능동적으로 설명을 들을 가능성이 높다.

> '뉴스 프레임'을 구사하는
> 2가지 기술

   뉴스 프레임을 사용할 때 중요한 규칙은, 설명할 중요 메시지와 뉴스가 관련된 것이어야 한다는 점이다. 단순히 아침 정보 프로그램에서 언급한 시사 이야기를 해봤자 본래의 화제와 관련이 없으면 뉴스를 사용하는 의미가 없다.

   화제와 관련 없는 뉴스는 이야기의 흐름을 단절시키기 때문에, 뉴스는 능동적으로 들었어도 중요 메시지를 들을 때는 기분이나 이해도가 초기화되는 경우가 자주 있다. 그래서 뉴스 프레임을 설명에 사용할 경우에는 다음의 2가지 기술 중 하나를 이용해 화제에 재미를 더해야 한다.

[그림 2-6-1]

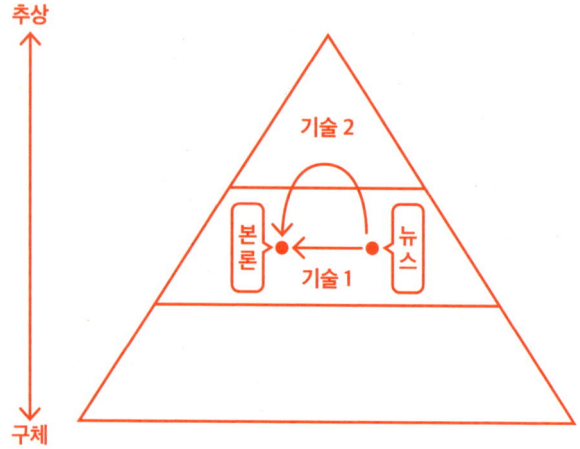

기술 1: 화제와 관련성 높은 뉴스를 찾는다.
기술 2: 화제를 추상화해서 뉴스에 연결한다.

각각의 기술에서 뉴스와 화제의 관계성은 그림 2-6-1과 같다. 기술 1은 화제와 뉴스에 직접적인 관계성이 있으므로 활용할 수 있게 되기까지 그다지 시간이 걸리지 않는다. 반면에 기술 2는 추상화로 계층을 이동시키는 수법이므로, 기술 1에 비해 사용하는 난이도가 높다. 그래서 익숙해지기 전까지는 기술 1부터 사용하는 것이 좋다.

기술 1
화제와 관련성 높은 뉴스를 찾는다

기술 1은 '설명해야 할 화제에 직접 관련된 최신 뉴스를 아침 정보 프로그램이나 인터넷으로 검색해 찾는 방법'이다. 예를 들어 이번 장 첫머리에 소개한 커뮤니케이션에 관한 뉴스는 이 유형으로 찾았다. 이 뉴스를 기술 1로 설명에 이용할 경우에는 다음과 같이 시작한다.

> "이번 달에 젊은이의 70퍼센트가 전화 통화를 기피한다는 조사 결과가 나온 것을 아십니까? 이것은 오늘 말할 내용과 관계가 많습니다."

나는 회의나 프레젠테이션에서 어떤 설명을 해야 할 때는 이동 중에 지하철에서 그날 설명할 중요 주제나 첫머리와 관련된 키워드를 인터넷으로 검색한다. 기업의 상품 발매 정보나 대학의 연구 성과 등이 소개된 뉴스를 확인하는 것이다.

구글 검색에서는 '뉴스'를 다루는 카테고리에서 찾으면 더욱 알기 쉽다. 학술논문은 전자도서관 사이트(대한민국의 경우, 국가전자도서관 www.dlibrary.go.kr 참고-옮긴이)에서 신착 순으로 확인할 수도 있다. '구글 학술검색'에서 해외 연구논문을 검색해 설명에 더하면 지적인 인상을 줄 수 있다.

다음과 같은 표현으로 최신 뉴스를 첫머리에 말해보자.

바로 쓸 수 있는 표현

- 오늘 아침 TV 뉴스에서 ○○(중요 메시지의 구체적인 예)를 봤는데…(그대로 중요 메시지에 연결한다)
- 사실 이 ○○에 대해서는, 지난달 미국 □□대학의 연구 기관에서 실증되었습니다.

> **기술 2**
> ## 화제를 추상화하여 뉴스에 연결한다

다음은 기술 2로, '설명해야 할 화제를 추상화해 최신 뉴스와 연결'하는 것이다. 예를 들어 기업 연수에서 '설명 잘하는 법'에 흥미와 관심이 없는 수강생에게 설명한다면, 이번 장 첫머리의 커뮤니케이션 관련 뉴스를 활용해본다.

> "이번 달에 젊은이의 70퍼센트가 전화 통화를 기피한다는 조사 결과가 나온 것을 아십니까? 이것은 커뮤니케이션 기술과 마음가짐, 커뮤니케이션 도구 등이 결합된 종합적인 변화를 보여주는 것이라고 생각하는데, 이것은 이번에 말할 '설명의 기술'과 큰 공통점이 있습니다."

[그림 2-6-2]

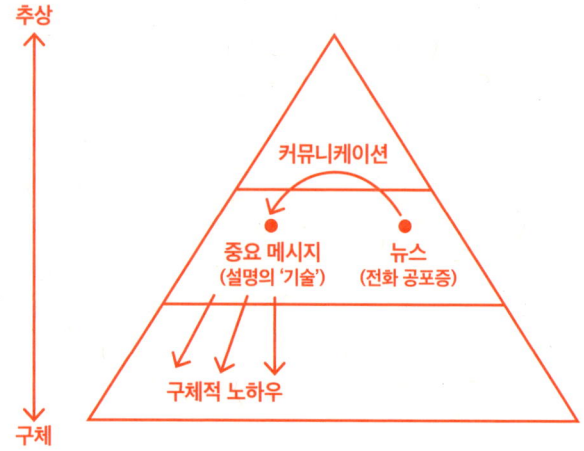

 물론 어색한 것 같다고 생각하는 사람도 있을 수 있다. 단, 여기서 내가 말하고 싶은 것은, 중요 메시지는 '설명 잘하는 법'이지만 '젊은이의 70퍼센트가 전화 공포증'이라는 뉴스를 앞에 언급하는 것으로도 상대가 흥미와 관심을 갖기 쉽다는 것이다. 이것이 뉴스 프레임의 진면목이다.

 '추상화'는 뉴스와 중요 메시지를 각각 '커뮤니케이션'이라는 키워드로 추상화한다. 연수에서의 중요 메시지인 '설명 잘하는 법'과 '디지털 기술'의 공통점으로 정보전달을 골라내서 커뮤니케이션 화제로 추상화한 것이다(그림 2-6-2).

바로 쓸 수 있는 표현

- 오늘 아침 TV 뉴스에서 ○○(중요 메시지의 추상화로 이어진다)를 봤는데, 이것은 △△(추상화)라는 점에서 □□(중요 메시지)와 같습니다.

'뉴스 프레임'을 사용할 때 주의할 점

마지막으로 뉴스 프레임을 사용할 때 주의해야 할 점 3가지를 알아보겠다.

주의점 1: 제시한 정보가 뉴스라는 것을 명확히 전달한다.
주의점 2: 이해하는 데 시간이 필요한 뉴스는 다루지 않는다.
주의점 3: 이미 상대와 관련된 화제라면 뉴스를 넣지 않는다.

주의점 1
: 제시한 정보가 뉴스라는 것을 명확히 전달한다

　설명에 활용한 지식이 새로 보도된 뉴스라는 것을 상대에게 명확히 전달할 필요가 있다. 그러지 않으면, 상대는 그것이 새로운 건지 오래된 건지 알 수 없으며, 단순히 자신과 관계없는 모르는 이야기를 들었다고 느낀다.

　그래서 '새로운 정보'라는 것을 명확히 하기 위해 '오늘 아침', '어젯밤', 혹은 '최신' 등의 표현을 반드시 사용한다.

주의점 2
: 이해하는 데 시간이 필요한 뉴스는 다루지 않는다

　설명에 활용하는 뉴스는 가볍게 읽을 수 있고 비교적 이해하기 쉬운 것을 선택하면 좋다.

　전문가가 빠지기 쉬운 함정으로는, 전제가 되는 지식이나 어느 정도 전문성이 없으면 이해할 수 없는 뉴스를 화제에 연결하는 경우를 들 수 있다. 난이도 높은 뉴스를 제시했을 경우, 상대는 그 뉴스를 이해하는 데 에너지를 전부 쏟아붓게 된다. 그 결과, 근본적인 화제에 대한 집중도가 떨어지기 쉽다.

주의점 3
: 이미 상대와 관련된 화제라면 뉴스를 넣지 않는다

마지막으로 주의할 점이 있다. 상대가 자신과 관계있는 설명임을 자각하고 있으면 굳이 뉴스를 사용해 흥미와 관심을 끌 필요가 없다는 것이다. 돌직구로 중요 메시지를 전달하면 된다. 어디까지나 설명은, 목적을 향해 최단 거리로 끝내야 한다.

이 3가지 주의점을 의식하면서 뉴스 프레임을 사용해보자. 비교적 간단하게 사용할 수 있는 프레임 가운데 하나이므로 단기간에 비약적으로 '효과적인 설명'을 할 수 있을 것이다.

CHAPTER 7

설명 프레임 7
'희소성'

상대에게서 '알고 싶은 욕구'를 창출한다

적용 가능한 상황

영업, 면접, 일상생활

'여기서만 하는 이야기'가 갖는 위력

"지금부터 하는 이야기는 극소수의 사람만 아는 겁니다."

이번 장에서 설명할 프레임은 '희소성'이다. '희소'란 수량이 매우 적음을 가리키는데, 설명에서의 희소성은 무엇일까? 나는 설명의 희소성을 다음과 같이 정의한다.

'희소한 설명이란, 다른 곳에서는 들을 수 없는 여기에서만의 이야기, 혹은 아는 사람이 적은 이야기다.'

말할 수 있는 사람이 적은 화제이거나, 제한된 사람만 알 수 있는 화제, 좀처럼 이야기하지 않는 화제 등 희소성을 갖게 되는 이유는 다양하지만, 그 화제에 접촉할 수 있는 '기회'가 매우 적음을 어필하는 것이 '희소성 프레임'이다.

희소성이 '재미'에 직결한다는 것은 일본의 전통 가무극인 '노[能]'를 완성시킨 예능인 제아미[世阿弥]의 말에서도 찾을 수 있다. 최초의 노 이론서 『풍자화전』에서 그는 다음과 같이 말한다.

> "사루가쿠에서도 사람이 진기함을 느낄 때 그것이 바로 재미를 느끼는 마음이다. 꽃, 재미, 진귀함. 이 3가지는 같은 마음이다."

사루가쿠[申樂]란 헤이안 시대(794~1192)에 서민들 사이에서 유행한 오락 예능으로, 이후 노로 발전한다. 그런 사루가쿠를 유행시킨 것이 바로 제아미다.

물론 무대예술과 설명에는 차이가 있을 수 있다. 그러나 표현을 통해 청중을 매료시킨다는 점에서 공통되는 부분이 있다. 제아미의 말에서도 '진기한 것은 사람의 마음을 움직이는 재미가 있다'라는 힌트를 얻을 수 있다.

"우리나라 사람 중에
0.3퍼센트만 아는 건데…"

그렇다면 어떻게 표현해야 화제의 '희소성'을 연출할 수 있을까? 가장 간단한 것은 직접적으로 서론을 더하는 방법이다.

> **바로 쓸 수 있는 표현**
> - 여기서만 하는 이야기인데…
> - 아직 겉으로 드러난 이야기는 아닌데…
> - 아주 극소수만 아는 이야기인데…

여기서 중요한 것은 그 지식과 정보가 '정말 희소하다'는 사실이다. '여기서만 하는 이야기'라고 했는데 사실은 자신의 SNS

등에 공개한 정보였다면, 당연히 신뢰할 수 없게 되어버린다.

다음과 같은 표현으로 희소성을 수치로 암시하는 방법도 효과적이다.

> **바로 쓸 수 있는 표현**
> - 우리나라 사람 중에 0.3퍼센트만 아는 건데…
> - 우리 회사에서도 아는 사람이 다섯 손가락 안에 드는 이야기인데…

또, '금지 사항'으로 표현하는 방법도 있다.

> **바로 쓸 수 있는 표현**
> - 지금부터 하는 이야기는 아직은 알려지면 곤란하니까 절대 말하지 마십시오.
> - 정보가 공개되기 전까지는 우리끼리만 아는 이야기로 해주십시오.

아직 외부에 나돌지 않은 희소한 이야기라는 것, 혹은 외부 사람이 알면 곤란한 이야기라는 뉘앙스를 풍기는 것도 '희소성'을 연출하는 기술 중 하나다.

또, 청중에게 질문하는 것으로 그 이야기의 희소성을 암시하는 방법도 있다. 예를 들어 강연이나 연수처럼 많은 사람이 있는 자리에서 이렇게 질문하는 것이다. 여러 명이 참석한 회의에서도 사용할 수 있다.

> **바로 쓸 수 있는 표현**
> - ○○에 대해 아는 분, 손을 좀 들어주시겠습니까?
> - ○○을 한 번이라도 들어본 적 있는 분, 계십니까?

손 드는 사람이 적을 것임을 미리 알고 일부러 전체를 향해 질문을 던진다. 그렇게 '아는 사람이 거의 없다'는 것을 보여주어 희소성을 어필할 수 있다.

> 입수하기 어려운 것은 가치가 있다

화제에 희소성이 있으면 왜 지적 호기심을 자극할까. 희소성이 사람의 마음을 움직이는 이유에 대해 미국의 사회심리학자 로버트 치알디니는 『설득의 심리학』에서 이렇게 설명했다(다음은 내가 요약 정리한 내용이다).

- **이유 1**: 입수하기 어려운 대상은 그만큼 가치 있는 것일 경우가 많다. 어떤 상품이나 경험이 입수하기 쉬운지 아닌지는 그 대상의 품질을 가늠하는 단서가 되기 때문이다.
- **이유 2**: 어떤 상품과 서비스를 입수하기 어려워질 때, 우리는 '자유가 제한되었다'고 느낀다. 자유를 잃으면 자유롭게 입

수하던 때보다 훨씬 더 그 대상을 소유하려는 갈망이 커지기 때문이다.

 정보가 넘쳐나는 현대사회에서 각각의 정보가 가진 가치나 좋고 나쁨을 판단하기는 쉽지 않다. 그렇기 때문에 우리는 어떤 정보를 입수하기 어려워졌을 때 그것만으로도 '그 정보는 가치 있다'고 판단해버린다. 즉, '희소성의 여부'가 화제의 좋고 나쁨을 결정하는 판단 기준이 되는 것이다.
 또한 우리는, '그 화제를 더는 듣지 못할 가능성이 있다'고 생각했을 때, 자유를 빼앗겼다고 느낀다. 이때는 자유를 되찾고 싶으므로 화제의 희소성을 알기 전보다 더 그 대상을 강하게 원하게 된다.
 희소한 화제는 그것을 아는 것만으로도 '우월감'을 얻을 수 있다. 희소한 이야기를 듣는 것만으로도 그 정보를 아직 모르는 사람들보다 우위에 설 거라고 느끼기 때문이다. '이 정보를 알고 있는 게 다른 사람보다 유리할 거야'라는 생각도 '듣고 싶은 욕구'를 자극하는 원천이 된다.
 화제가 희소하다는 사실을 말로 정확히 표현해야 하므로 이 방법이 어렵다고 느끼는 사람도 있을 것이다. 그도 그럴 것이, 희소성은 원래 자신은 알아채기 어렵다. 다음 항목에서 자세히 알아보자.

업계의 상식이라는 보물 창고

'어떤 업계나 직종에서 상식으로 통하는 것' 중에 희소성이 숨어 있는 경우가 많다. 특히 폐쇄적이면서 그 업계의 종사자 수가 적고, 들고나는 경우가 적을 때, 정보가 밖으로 흘러나가지 않으므로 희소성은 크게 높아진다.

하지만 그 업계에 오래 종사한 사람은 상식이라고 생각하기 때문에 그것의 희소성을 자각하기 어렵다. 희소성은 외부 세계와 비교했을 때 비로소 깨닫는 것이다.

예를 들어 입시학원 업계의 급여 방식이 그렇다.

"일본에서 입시학원 강사의 보수는 월급인 경우가 거의 없습니다. 대개 1년의 업무위탁 계약을 체결하고 연봉도 시급이 아닌, 한 수업 분의 보수(혹은 분 단위 계산)로 정해지는 경우가 대부분입니다.

학원 강사의 일이 1시간(60분) 단위가 아니라 수업 단위이기 때문이죠. 어떤 클래스를 맡느냐에 따라 수업 시간이 50분이거나 80분일 수 있고, 간혹 120분인 경우도 있습니다.

또, 수업을 동영상으로 만들어 판매할 경우, 매매 계약이나 인세 계약을 맺어서 시간 외 수입을 얻을 수도 있습니다."

급여 방식이 어떻든 간에 일반적인 직장인처럼 월급제나 연봉제가 아니고, 정기적인 보너스도 나오지 않으며, 기본급이나 퇴직금도 없다.

이런 화제는 입시학원 업계에서는 당연한 이야기인데, 직장인인 친구에게 설명했더니 아주 재미있어 했다.

물론 입시학원 강사라는 일의 급여 방식에 흥미나 관심을 가지는 사람은 극히 제한적일 수 있다. 단, 상대가 관심과 흥미를 갖게 하려면 자신이 말하려는 화제에 희소성이 있는지 생각하는 습관을 갖는 것이 중요하다.

그렇다면 화제의 희소성은 어떻게 찾아야 할까.

> 희소성을 가늠하는
> 2단계

앞서의 예와 같이 '업계나 직종 특유의 상식'은 희소성이 높은 화제일 가능성이 크다. 이런 경우를 다음과 같은 표현으로 설명하면, 희소성을 어필할 수 있다.

바로 쓸 수 있는 표현
- 우리 일에서는 당연한 건데…
- 업계 외의 사람은 거의 모르는 이야기인데…

설명하려는 상식이 희소성이 있는지 어떤지는 다음의 단계를 통해 확인한다.

- 단계 1: 업계와 업종의 역사나 구조를 조사한다.
- 단계 2: 다른 업계 사람과 이야기해본다.

> **단계 1**
> # 업계와 업종의 역사나 구조를 조사한다

먼저 '자신이 있는 업계나 근무하는 회사, 직종의 역사와 구조'를 알아본다. 역사가 길수록 그 업계나 직종 특유의 지식과 정보가 축적되어 있을 것이다.

중요한 것은 새로 조사해보는 것이다.

'우리 회사가 언제 창업되었지?'
'창업자가 누구지?'
'원래 어떤 사업으로 시작했었더라?'

잘 알려지지 않은 회사의 역사나 업계의 암묵적 규칙, 익숙한

듯한 사건들도 좋다.

입시학원 강사의 경우, 분필 종류에 까다롭다거나 개인적으로 지시봉이나 핀마이크를 휴대하는 사람도 있다(나도 그렇다).

일본의 입시학원은 보통 4월부터 다음 해 1월까지가 바쁜 시기다. 그래서 2~3월에 놀랄 정도로 길게 휴가를 쓸 수 있다. 나는 4월부터 다음 해 1월까지 하루도 쉬지 않고 일하고 2월 중순부터 3월 초순까지 통째로 쉬곤 했다. 그런 노동 방식이 나에게는 당연한 일이었는데, 친구에게 말하면 신기해했다.

또, 사양산업에는 분명한 차이를 느낄 수 있는 재미있는 화제가 있을 수 있다. 부침이 있는 산업의 경우에는 실적이 좋거나 나쁨에 따라 경비 사용법이 완전히 다를 것이기 때문이다.

경기가 좋을 때는 직원에게 해외여행도 시켜주고, 함께 공연을 보러 가기도 하며, 이동할 때는 택시를 이용해 비용을 회사 경비로 처리할 수도 있었을 것이다. 하지만 경기가 나빠지면 그런 것들이 전부 사라질뿐더러 부러진 분필조차 더 이상 쓸 수 없을 만큼 짧을 때까지 써야 하는 경우도 생긴다. 이처럼 실적이 오를 때, 최고조일 때, 그리고 꺼지기 시작했을 때 등을 시계열로 조사해본다.

그렇게 하면 각 단계에서 반드시 희소하고 재미있는 이야깃거리가 보일 것이다. 이런 이야깃거리에는 지식과 노하우뿐만 아니라 일하는 사람의 인간 드라마도 포함된다. 업계와 직종의 상식은 이렇게 찾을 수 있다.

최근 실적 부진으로 화제가 되고 있는 대중매체 같은 경우도 어떤 의미에서 '희소한 상식'의 보물 창고일 것이다.

자신이 설명하려는 '업계의 상식'은 이처럼 역사적 배경과 관습, 문화로부터 생겨났을 가능성이 왕왕 있다. 그렇기 때문에 먼저 업계의 역사와 관습을 조사해봐야 한다.

> 단계 2
> # 다른 업계 사람과 이야기해본다

다른 업계나 업종의 사람들과 말해보는 것은 설명 프레임 2인 '대비'의 응용이라고도 할 수 있다. 말하는 내용(화제)에 희소성이 있는지 어떤지는 상대 비교로 결정되기 때문이다.

예를 들어 해안에서는 어패류를 손쉽게 구할 수 있지만 내륙에서는 유통 형편상 보관이 어려워 어패류가 희소하다. 반대로 어촌에서 구하기 어려운 귀한 나물이 산촌에서 쉽게 구할 수 있는 경우도 있다. 이것은 지역끼리 비교해보지 않으면 알 수 없다.

이처럼 희소성은 상대 비교를 통해 비로소 명확해진다.

구체적으로 말하면, 그 업종 특유의 기술은 업계 내에서는 당연해도 다른 업종 사람이 보면 군침이 돌 만큼 탐나는 화제일 때가 있다. 그런데 늘 같은 업종이나 직종 사람들과 지내면 모두 같은 상식을 갖고 있기 때문에 그 기술이 '희소'하다는 것을 깨닫기 어렵다. 다른 업종 사람들과 이야기해봐야 비로소 비교할 수 있어서 자신이 갖고 있는 소재의 희소성을 알게 된다.

자신들이 평소에 당연하게 사용하는 기술, 예를 들어 광고업계 종사자라면 기획서 작성이나 프레젠테이션, 영업, 프로젝트 처리 노하우 등일 텐데, 그것들은 다른 업계 사람들에게는 매우 희소성이 있는 화제다. 그런 노하우를 다른 업계 사람들에게 설명할 기회가 있을 때는 다음과 같은 표현으로 상대에게 '희소성'을 느끼게 할 수 있다.

> **바로 쓸 수 있는 표현**
> - 우리 업계에서는 특별한 게 아닌데, 다른 업계 사람에게 말하면 아주 좋아하는 노하우가 있습니다. 그 노하우는…

이 말을 활용하면 상대의 호기심을 자극할 수 있다.

모든 사람이 특별하다

 강연이나 세미나에서 희소성 프레임에 대해 소개하면, "제 업무는 일반적인 일이어서 희소성 같은 건 없어요"라고 말하는 사람이 많다. 하지만 그것은 자신을 과소평가하는 것이다.
 나는 '누구나 희소성 있는 설명을 할 수 있다'고 생각한다. 그 사람이 '경험한 것'은 많든 적든 희소성이 있기 때문이다. 극단적으로 말하면, 그 사람이 쌓아온 경험은 80억 인류 가운데 하나뿐인 이야기다. 똑같은 경험을 하는 사람은 세상에 없다. 희소한 화제를 갖고 있다는 것을 본인이 깨닫지 못할 뿐이다.
 내가 진행한 세미나를 수강한 사람 중에는 M 씨가 있다. 그녀는 취미가 여행이어서 지금껏 많은 나라를 다녀왔다고 했다.

40년 전, 그녀가 어떤 개발도상국을 여행했을 때의 일이다. 고급 호텔에만 있기보다는 현지 생활도 알고 싶어서 강도를 당할 위험을 감수하고 그 나라에서도 위험 지역이라는 거리를 돌아다녔다고 한다.

나는 그녀에게 그곳에서의 경험을 설명해달라고 부탁했다. 그 시대 현지 특유의 생생한 정보라서 무척 궁금했기 때문이다. 하지만 본인은 그렇게 생각하지 않았던 모양이었다.

그대로 묻히기엔 너무 아까운 정보였다. 일본에서 비행기 직항편이 없는 나라에, 그것도 위험하다는 지역이라면 정보의 희소성이 높은데도 본인에게는 '단순한 취미'에 불과하기 때문에 가치 있고 재미있는 경험이라고 느끼지 못했던 것이다.

여기서 '설명의 대원칙'을 떠올려보자. 자신의 프레젠테이션이나 설명이 재미있는지 어떤지는 그것을 듣는 상대가 결정한다. 그렇기 때문에 여기서 소개하는 표현을 사용하면서 화제를 조금씩 꺼내어 상대가 희소하다고 느끼는지 확인하며 설명해나가야 한다.

희소성은 상대의 반응을 통해서 알 수 있다. 상대에게서 "와—" 하는 놀람이나 감탄의 표현이 드러나거나 의외라는 표정을 읽을 수 있으면 적중한 것이다. 청중에게 설명하는 중이라면 사람들에게 직접 "○○를 아는 분, 계십니까?"와 같이 질문하는 것도 좋은 방법이다.

> **비법 1**
> # 경쟁을 의식하게 한다

마지막으로, 희소성을 높이는 2가지 비법을 소개하겠다. 『설득의 심리학』을 참고해 내가 '프레임'으로 만든 것이다.

- **비법 1**: 경쟁을 의식하게 한다.
- **비법 2**: 자유를 제한한다.

비법 1은 '상대에게 경쟁을 의식하게 하면 희소성을 느끼는 정도가 높아진다'는 원리를 이용한 것이다. 경쟁 상대 때문에 이 이야기를 들을 수 없게 된다고 넌지시 말하는 식이다.

나는 빈티지패션(낡고 오래된 분위기가 나도록 꾸미는 패션)을 좋아해서 시간이 날 때면 하라주쿠나 고엔지의 빈티지 숍을 방문한다. 내가 자주 가는 가게의 점장은 이런 식으로 옷을 소개한다.

> "그 리바이스 투 엑스 라지 사이즈는 어제 온 손님도 마음에 들어했어요."

그런 말을 들으면 '조금 무리가 되더라도 이 바지를 사고 싶다'는 충동에 사로잡히곤 한다.

설명의 경우도 마찬가지다. 설명하는 사람이 경쟁 상대 때문에 상대가 이야기를 들을 기회를 잃는 상황을 암시하면, 상대는 '그 이야기는 무슨 일이 있어도 듣고 싶다!'고 생각하게 된다. 예를 들어 세미나나 강연의 '정원'이나 '인원 제한'은 이와 같은 효과를 발휘한다.

> "다음 달에 개최하는 세미나는 딱 한 자리 남았습니다. 거기서만 말할 수 있는 비장의 화제를 준비했습니다. 참가하는 분들은 기대해주십시오."

이렇게 말하면 상대는 '경쟁 상대 때문에 남은 자리가 채워져서 그 이야기를 들을 수 없게 될 수도 있다고?'라고 생각한다. 그 결과, '그런(들을 수 없게 되는) 사태는 어떻게든 피하고 싶어!'

라는 심리에서 그 이야기가 더욱 '희소'하게 느껴져 듣고 싶어지게 된다.

당연한 말이긴 한데, 경쟁이 존재한다는 것이나 남은 자리가 적은 것, 그것이 '희소한' 정보라는 것은 말로 하지 않으면 상대가 알 수 없다. '희소성'을 느끼게 하는 것만으로도 상대의 관심을 끌 수 있다면, 적극적으로 표현하는 것이 최고다.

비법 2
자유를 제한한다

비법 2는 '지금까지는 제한되지 않았지만 앞으로 제한되는 것에 희소성을 느낀다'는 원리를 이용한 것이다. 즉, '지금까지는 언제든 들을 수 있었던 이야기지만 앞으로는 들을 수 없게 될 가능성이 있다'는 것을 말해서 더욱 희소성을 높이는 비법이다.

여기서는 '지금까지도 제한되었고 앞으로도 그것이 계속되는' 경우보다는, '지금까지는 제한되지 않았지만 앞으로는 제한되어버리는' 경우에 희소성을 느끼는 심리를 이용한다. 그것을 전달하는 방법으로는, 다음과 같은 표현이 있다.

> **바로 쓸 수 있는 표현**
> - 지금까지는 일반에 공개했던 이야기인데, 앞으로는 일부에게만 말할 생각입니다.

이처럼 덧붙이는 것만으로도 상대는 '가까운 장래, 들을 수 없게 된다면 지금 듣자'고 생각할 수 있다. 거듭 말하지만, 여기에 거짓이 있으면 신용을 잃게 된다. 따라서 희소성을 어필할 때는 절대 정직함을 잊어선 안 된다.

희소성을 효과적으로 연출하여 상대의 기대감을 높이고, 상대가 고양감을 느낄 수 있게 해보자.

CHAPTER 8

설명 프레임 8
'복선 회수'

상대가 듣고 싶어지도록 덫을 설치한다

| 적용 가능한 상황 |

프레젠테이션, 영업, 일상생활

> 복선은 스토리텔링에
> 꼭 필요한 기법이다

'아까 그게, 이것의 복선이었나…!'

　추리소설을 읽거나 서스펜스 드라마를 볼 때 이런 생각을 자주 하지 않았는가? 그리고 그때 머릿속에서 안개가 걷히는 엄청난 쾌감이 들지 않았는가? '복선 회수 프레임'은 설명에 복선을 깔고, 그 복선을 회수함으로써 상대가 이런 감정을 느끼도록 하는 것이 목적이다.

　추리소설 『영매 탐정 조즈카』를 읽었을 때 나도 이런 느낌을 받아 정말 감동했다. 출간 당시 책 띠지에 있던 '모든 것이 복선'이라는 문구도 화제가 되었다. TV 드라마의 경우에는 아키모토 야스시 작가가 집필한 〈당신 차례입니다〉, 〈진범 클럽〉 등의 작품에 복선과 회수가 많아서 늘 감탄하며 시청한다.

원래 '복선 회수'란 소설이나 드라마에서 처음에 설정된 힌트나 미해결 요소(=복선)가 이후의 전개에서 밝혀지거나 해결되는 것을 말한다. 작가 자신이 의도한 대로 이후의 전개에 활용하는 것이 복선 회수다.

복선을 효과적으로 배치한 다음에 회수하면 이야기가 일관성을 갖게 되어 독자나 시청자에게 깊은 감동과 놀라움을 줄 수 있다. 특히 스쳐 지나가듯 등장했던 일이나 상황이 후반 전개에서 중요한 역할을 하게 되면 강한 인상을 남길 수 있다.

복선 회수는 스토리텔링 기술의 하나로서 이야기의 질을 높이는 중요한 요소인데, 설명에서도 효과를 발휘한다. 스피치나 강연, 오락적 느낌을 가미하고 싶은 프레젠테이션 등에서는 상대를 끌어들이기 위해 효과적이다.

단, 격식 있는 비즈니스 자리에서는 상대에게 에둘러 말하는 인상을 줄 수 있으므로, 오락적 느낌을 가미하면 좋은 명확한 목적이 있을 때만 사용하기를 권한다.

> '역시 그렇구나!'라는
> 쾌감의 표현

 지금부터 왜 설명에서 복선 회수가 효과적인지, 복선 회수를 설명에 어떻게 넣는지 등을 구체적인 방법과 함께 이야기하겠다.
 복선 회수를 설명에 넣으면 좋은 이유는, 상대가 지적인 흥분을 느낄 수 있기 때문이다. 단순히 점과 점이었던 장면이 하나의 굵은 선으로 이어지는 순간을 목격했을 때, 상대의 뇌 속에서는 신경세포 뉴런이 결합하고, 도파민과 같은 쾌락물질이 방출된다. 연결되는 것만으로도 사람은 쾌감을 얻을 수 있다.
 이는 '인과 프레임'에서도 마찬가지다. 원인과 결과가 이어지는 순간 '알겠어!', '역시!', '그랬구나!' 하고 설렘과 기대가 폭죽처럼 터지기 때문이다.

> 단계 1
> # 복선을 말로 제대로 전달한다

복선 회수를 어떻게 설명에 넣어야 할까? 다음의 2단계로 진행하면 활용하기 쉽다.

- **단계 1**: 복선을 말로 제대로 전달한다.
- **단계 2**: 때를 기다려서 복선을 회수한다.

단계 1에서는 먼저 상대에게 강한 인상을 남기고 싶은 내용부터 역산해 복선으로서 힌트를 주거나 암시한다.

"이 부분, '어?' 하는 생각이 들지 않나요?"

"지금 제 설명, 개운하지 않죠?"

이처럼 '여기는 위화감이 있는 부분이에요' 하고 상대에게 자연스럽게 어필하는 것이다. 예를 들어 신기술을 소개하는 프레젠테이션에서 다음과 같이 복선을 까는 식이다. 이 복선의 목적은 이후에 설명할 '획기적인 기술'에 주목하게 하는 것이다.

"지금까지 아무도 생각하지 못했던 획기적인 기술, 사실은 이것이 업계의 미래를 크게 바꿀 열쇠입니다."

여기서 상대는 '지금까지 아무도 생각하지 못했던 획기적인 기술'이 뭘까? 궁금해할 것이다. 그런데 그 기술에 대해 자세히 설명하지 않고 업계의 미래가 어떻게 변할까 하는 다른 화제로 이행하면, 상대는 그 기술에 대해 언제 말할지 귀를 기울이며 기대를 키우게 된다.

복선을 깔 때의 요령은, 복선을 말로 제대로 전달하는 것이다. 추리소설이나 서스펜스 드라마가 아니므로 복선을 알아챌지 어떨지를 정보의 수신자에게 맡기는 것이 아니라, 이것이 복선이라는 사실을 말로 전달하는 것이 중요하다.

상대가 깨닫기 어려운 복선인 경우에는 다음과 같이 직설적으로 전달해도 된다.

"이것은 뒤에 다시 나오는 이야기이므로 자세한 것은 그때 알게 될 겁니다."

"이 부분은 석연찮은 게 당연합니다. 단, 나중에 깨끗이 해소될 겁니다."

중요한 것은, 단계 1은 단계 2를 위한 포석이므로 여기서는 너무 자세히 설명해선 안 된다는 점이다.

사람에 따라서는 상대의 머릿속에 '물음표(?)'를 만든 채 이야기를 진행하는 것에 저항감을 느낄 수도 있는데, 그럴 때는 상대가 복선을 회수했을 때 놀라며 감동할 것을 떠올리며 턱밑까지 차오른 설명을 꾹 참아야 한다.

바로 쓸 수 있는 표현

- 이 부분을 들으니, '어?' 하는 생각이 들지 않나요?
- 지금 제 설명, 개운하지 않죠? 위화감이 들 겁니다.
- 이것은 뒤에 다시 나오는 이야기이므로 자세한 것은 그때 알게 될 겁니다.
- 이 부분은 석연찮은 게 당연합니다. 단, 나중에 깨끗이 해소될 겁니다.

> 단계 2
> # 때를 기다려서 복선을 회수한다

여기서는 단계 1에서 깐 복선을 때를 기다려서 회수해 상대가 꼭 기억해두었으면 하는 것을 말한다. 단계 1에서 깔아둔 복선과의 관계를 나타내는 것이다.

회수가 안 되면 복선을 깐 의미가 없어진다. 또, 복선이 회수되지 않았다고 상대가 석연찮아 하면 설명의 질을 낮게 평가할 수 있다. 그렇기 때문에 복선을 회수할 때는 "지금부터 앞에서 깔아놓았던 복선을 회수합니다" 하고 말하는 것처럼 완벽하게 회수해야 한다.

앞서 예로 든 신기술을 설명하는 경우에는, 프레젠테이션이 어느 정도 진행된 시점에서

"그런데, 아까부터 여러분이 궁금해하셨을 획기적인 기술의 정체 말인데요…"

이렇게 때를 기다렸다는 분위기를 만들면서 그 기술에 대해 자세히 설명한다.

다음의 문구를 사용해 확실하게 복선을 회수하도록 하자.

> **바로 쓸 수 있는 표현**
> - 아까 '나중에 나온다'고 했던 내용을 지금부터 설명하겠습니다.
> - 이 ○○, 앞에서 가졌던 의문을 해소할 수 있을 겁니다.
> - 지금부터 말할 ○○야말로 앞에서 당신이 느낀 위화감의 정체입니다.

추리소설이나 서스펜스 드라마의 경우에는 복선 회수가 자연스러워야 세련된 작품이라는 인상을 줄 수 있다. 단, '효과적인 설명'에서는 상대의 이해를 배제하는 위험을 피하는 것이 중요하다. 상대가 처음에 느낀 흥미와 의문에 대해 마지막에 만족할 수 있는 답이 제시되어야 설명이 하나로 완결된 스토리로 느껴져 집중하게 된다.

> ## 복선 회수를 성공으로 이끄는
> ## 3가지 비결

마지막으로 복선 회수 프레임을 성공시키기 위한 3가지 비결에 대해서 알아보겠다.

- **비결 1**: 복선은 덤이라고 생각한다.
- **비결 2**: 단계 1과 단계 2 사이에는 간격을 많이 두지 않는다.
- **비결 3**: 복선을 많이 깔지 않는다.

비결 1
: 복선은 덤이라고 생각한다

앞에서도 말했지만, 복선은 단계 2의 내용으로부터 역산해서 만든다. 예를 들어 신상품 발표회에서 그 상품의 특징과 이점을 강조할 때, 먼저 관련된 에피소드를 제시하고 이후에 거기에 관련된 상품의 특징을 자세히 설명한다.

이때의 목적은, 복선이 되는 에피소드를 재미있고 유머러스하게 말하는 것이 아니라 신상품의 특징과 이점을 전달하는 데 있다. 이를테면 "이 개발에는 슬픈 에피소드가 있습니다. 그 에피소드는" 하고 시작한 다음, 에피소드 이야기에 제한 시간의 절반을 써버리면 정작 중요한 내용을 설명할 시간이 부족할 수 있다. 이래서는 본말전도라고 할 수 있다. 그래서 다음과 같은 방식으로 전달한다.

> "이 개발에는 슬픈 에피소드가 있습니다. 그건 상품의 특징을 설명할 때 다시 소개할 테니 기대해주십시오."

복선은 중요 부분이 아니라 선택이며, 회수한다는 것을 암시하는 정도로 해두는 것이 중요하다. 복선을 까는 것에 너무 의식을 집중하지 말고, 주요 목적인 본론의 내용을 정확히 전달하는 데 초점을 맞추도록 하자.

> **바로 쓸 수 있는 표현**
>
> - ○○에는 눈물 없이는 말할 수 없는 에피소드가 있습니다. 이것은 나중에 □□에서 설명하겠습니다.
> - 여기에는 경악할 만한 사실이 숨어 있었습니다. 이것은 조금 후에 알게 될 겁니다.

비결 2
: 단계 1과 단계 2 사이에는 간격을 많이 두지 않는다

단계 1의 '복선 깔기'와 단계 2의 '복선 회수', 이 둘 사이의 간격이 많이 벌어지면 상대에 따라서는 단계 1에서 말한 복선의 내용을 잊어버릴 가능성도 있다. 시간적인 간격뿐 아니라 그 사이에 전달하는 정보량이 많은 경우에도 같은 위험이 있다.

신상품 발표회 같은 경우에는 에피소드 언급, 즉 복선을 깐 다음, 몇 분에서 길어도 1시간 이내에 관련된 상품의 특징과 이점을 다음과 같이 설명한다.

"좀 전에 뒤에서 설명할 거라고 했던 가슴 아픈 에피소드는,

사실 이 상품의 최대 장점이기도 합니다. 그 에피소드는…"

에피소드 언급(복선)과 상품의 특징(핵심 주제) 설명의 간격이 크게 벌어지면, 상대가 앞에서 언급한 에피소드나 이야기의 내용을 잊어버려서 신상품과의 관련성을 알 수 없게 될 수 있다. 특히 에피소드를 이야기하는 데 시간이 필요한 복선의 경우는 가능한 한 핵심 주제와 가까운 타이밍에 소개해야 한다.

> **바로 쓸 수 있는 표현**
> - 좀 전에 뒤에서 설명할 거라고 했던 가슴 아픈 에피소드는, 이 □□와 크게 관계가 있습니다. 그 에피소드는…
> - 맨 처음 이야기할 때 나중에 소개한다고 했던 ○○에 관한 에피소드는 이 □□와 깊은 연관이 있습니다. 그 에피소드는…

복선 회수 프레임을 효과적으로 사용하면 설명의 질이 급상승하지만, 잘못 사용하면 상대에게 혼란을 줄 수 있어 하이 리스크 하이 리턴의 기법이라고 할 수 있다.

비결 3
: 복선을 많이 깔지 않는다

마지막 비결은 복선을 많이 깔지 않는 것이다. 복선을 많이 깔면 설명하는 사람 자신이 복선을 전부 회수하는 것을 종종 잊어버리기 때문이다.

나도 과거에 쓰라린 경험이 있다. 2시간 강연에 신경 써서 복선을 만들었는데 너무 많이 넣는 바람에 몇몇은 회수하지 못했다. 강연 시간이 제한되어 있었던 것과, 내가 깜빡 잊어버린 것이 가장 큰 원인이었다. 강연이 끝난 후 설문조사에서 '그 이야기의 ○○, 나중에 나올 거라고 했는데 끝까지 그 설명은 없었던 것 같다'는 지적을 받고 말았다.

복선은 하나의 주제에 2~3개 정도 넣는 것이 좋다. 복선이 너무 많으면 비결 2에서도 말했듯이 상대가 그 가운데 몇 개를 잊어버릴 가능성이 있다. 모든 복선을 기억하고 있었는데도 지금 어느 복선이 회수된 건지 알지 못하는 경우도 생긴다.

예를 들어 프레젠테이션 도입부에서 복선으로 자신의 과거 체험을 말했다 치자. 그 단계에서 '그렇게 고생했다', '이런 것이 힘들었다' 하는 문제의식을 복선으로서 너무 많이 깔면, 그 후 핵심인 해결책 제안에서 '결국 도입부 에피소드의 어느 문제의식과 관련된 거지?' 하고 의문을 갖게 될 가능성이 있다. 그래서 가능한 한 복선의 수는 적게 해야 한다.

또, 복선을 여러 개 깐 경우에는 단계 2에서 회수할 때,

"도입부의 에피소드에서 말한 ○○ 부분이, 사실은 지금부터 말할 해결 방안과 크게 관련이 있습니다."

처럼 단계 1의 복선을 상대가 정확히 떠올리게 하는 것이 중요하다.

> **바로 쓸 수 있는 표현**
> - 앞에서 말한 ○○의 에피소드가, 지금부터 말할 □□와 상관이 있습니다.
> - 두 번째로 소개했던 ○○이 지금부터 설명할 오늘의 핵심 주제와 크게 관계가 있습니다.

복선 회수는 익숙해지면 사용하기 쉬운 프레임이며 재미도 있다. 그런 만큼 복선을 어떻게 깔지, 어떻게 회수할지 기술적인 부분을 중심으로 생각하게 되는데, 설명의 목적은 어디까지나 단계 2의 내용을 전달하는 것이 핵심이다. 복선은 양념이란 것을 잊지 말자.

CHAPTER 9

설명 프레임 9
'결정 유도'

상대의 결정을 통제한다

적용 가능한 상황

회의, 프레젠테이션, 일상생활

송죽매 코스에서 '죽'이 인기 있는 이유

평소에 좋아하는 생선회를 먹으러 식당에 갔는데, 종업원이 이렇게 말한다면 당신은 어느 코스를 선택할까? 단, 처음으로 간 곳이고, 각 코스에 대해서는 자세히 알지 못하는 경우를 전제로 한다.

"송(松)은 12만 원, 죽(竹)은 8만 원, 매(梅)는 6만 원입니다. 어느 코스로 하시겠습니까?"

당신이 어느 코스를 선택할지는 알 수 없지만, 그동안의 학술 연구를 통해 대다수의 사람들이 '죽' 코스를 가장 많이 선택한다는 것이 확인되었다.

그리고 만일 내가 식당 주인이고 매출을 높이는 데 최적화된 방법을 생각한다면, 손님이 가장 많이 선택해주길 바라는 가격대의 코스는 '죽'의 위치, 즉 중간에 설정할 것이다. 이익이 가장 많이 나는 코스를 '죽'으로 설정하고 그것을 기준으로 송과 매 코스를 정하면 이익을 최대화할 수 있기 때문이다.

여기에는 어떤 법칙이 숨어 있을까?

이번 장에서는 선택지의 작성과 제시 방법을 개선해 상대의 결정을 이끄는 '결정 유도 프레임'에 대해 설명하겠다. 인지심리학과 행동경제학의 연구 결과를 힌트로 한, 즉효성 있는 설명 기술이다. 이 프레임은 매우 강력하고 효과가 탁월하므로 악용해선 안 된다.

> 내가 바라는 방향으로
> 상대의 결정을 이끄는
> 2가지 방법

선택의 범위가 넓을수록 설명을 듣는 상대는 선택하기 어렵거나, 설명하는 사람의 의도와는 전혀 다른 선택을 할 가능성이 있다.

예전에 매실주를 전문으로 판매하는 음식점에 갔을 때였다. 가게에 도착하자 종업원이 메뉴판을 펼쳐 보이며 이렇게 설명했다.

"저희 가게는 매실주 전문점입니다. 매실주만도 50종류가 있습니다. 어느 것으로 하시겠습니까?"

나는 잠시 생각하다 결국 "일단 생맥주요"라고 말했다. 선택지가 너무 많아 고를 수 없었기 때문이다.

비즈니스 상황에서도 이런 예를 생각해볼 수 있다. 거래처에서 제시한 납기일에 맞추기 어려울 것 같다고 판단해서 "제시한 날짜까지는 어려울 것 같습니다" 하고 말했더니 상대가 다음과 같은 반응을 보일 때다.

"그럼, 이번에는 발주 수를 줄이겠습니다."

나로서는 납기일 연장에 대해 검토해주길 바랐는데, 상대에게 내 의도가 전달되지 않아 결과적으로 발주 수가 감소(매출 감소)되고 만 것이다.

이런 사태를 피하려면 전달하는 내용에 나의 의도를 더해야 한다. 그렇게 하면 내가 의도하는 방향으로 상대의 결정과 판단을 유도할 수 있다. 구체적인 방법으로는 다음의 2가지가 있다.

- **방법 1**: 나에게 유리한 전제를 만든다.
- **방법 2**: 나에게 유리한 선택지를 만든다.

이에 대해 하나씩 알아보겠다.

> **방법 1**
> 나에게 유리한 전제를 만든다

먼저 방법 1은 설명하는 사람이 자신에게 유리한 전제를 만들어버리는 것이다. 매실주 전문점의 경우 유리한 전제는 '손님이 (맥주가 아니라) 매실주를 선택한다'이다. 그럴 때는 다음과 같이 매실주 종류 중에서 선택하도록 이끈다.

"정통적인 매실주를 좋아하신다면, 여기 5종류 중에서 고르시면 됩니다."

납기일과 관련해서 유리한 전제란 '발주 수(매출)는 바뀌지 않고 납기일을 연장하는 것'이다.

"제시하신 납기일에는 맞추기가 어려울 것 같아서 다시 상의를 해야 할 것 같습니다. 구체적인 납기일 후보로는…"

이처럼 납기일이 연장되는 것을 전제로, 즉 나에게 유리한 전제로 설명을 전개함으로써 '납기를 어떻게 할까'를 판단하는 방향으로 자연스럽게 유도한다.

> **바로 쓸 수 있는 표현**
> - ○○라면, 이 중에서 고르시면 됩니다.
> - ○○에 대해 상의드리고 싶은데, 구체적으로는…

물론 나에게 유리한 전제로 이야기를 진행했어도 상대의 결정이 항상 나에게도 최적의 결과가 되는 것은 아니다. 그래서 내가 바라는 방향으로 이야기를 진행해서 상대의 결정을 이끌기 위해서는, 두 번째 방법을 준비해 견고한 자세를 취한다.

> **방법 2**
> 나에게 유리한 선택지를 만든다

 두 번째 방법은 나에게 유리한 선택지를 만들어서 그것만 설명 속에 집어넣는 방법이다. 어느 선택지를 골라도 좋은 것으로 압축해 상대에게 제시하는 것이다.
 예를 들어 배우자가 집안일에 동참하기를 바란다고 할 때는 "집안일 좀 도와줘"라고 하는 대신, "청소, 빨래, 설거지 가운데 지금 할 수 있는 건 뭐야?" 하고 말한다. 그러면 배우자는 '집안일을 도울까, 어쩔까' 하는 선택이 아니라, 어떠한 집안일을 돕는 것이 전제가 된다. 물론 청소, 빨래, 설거지라는 선택지는 나에게 전부 도움이 되는 집안일이라는 것이 전제다.
 또, 내가 바라는 선택지를 상대가 더욱 높은 확률로 고르게 하는 방법이 있다. 바로 판단 기준을 제시하는 것이다.

이를테면 집안일의 동참을 바라는 나로서는 손이 거칠어지는 것을 피하고자 상대가 설거지를 해주기를 바란다. 그리고 상대는 얼른 집안일을 끝내고 싶어 한다면, 그 경우에는

"가장 시간이 안 걸리고 빨리 끝나는 건 설거지겠지. 반대로 청소는 시간이 조금 더 걸릴 수 있어."

라고 말한다. 빨리 끝낼 수 있는지 어떤지 '시간'을 판단 기준으로 설명하면 상대는 내가 바라는 선택지를 고르기 쉽다. 직접 "소요 시간을 기준으로 설명할까?"라고 말해도 된다.

> **바로 쓸 수 있는 표현**
> - ○○라면 □□할 수 있을 것 같은데, △△는 어려울 것 같아요.
> - ○○을 기준으로 설명할까요?

여기서 주의할 점은, 제시하는 선택지를 많이 늘리지 말아야 한다는 것이다. 예를 들어 외부의 공격으로부터 회사의 시스템을 지키기 위해 보안을 강화해야 한다고 제안할 때, 다음과 같은 선택지를 제시하면 과연 상대가 선택할 수 있을까?

"보안 강화 대상은 다음의 8가지 가운데 선택하실 수 있습니다. 첫 번째가 메일 첨부와 링크, 두 번째가 CD-ROM과 USB 메모리, 세 번째가 서버 메시지 블록(SMB) 서비스, 네 번째가 바이러스 감염, 다섯 번째가 권한 승격, 여섯 번째가 파일 암호화, 일곱 번째가 부정 조작, 여덟 번째가 정보 절취입니다. 이 중에서 고르시면 됩니다."

이런 경우는 선택지를 3개의 프레임으로 묶는 것이 좋다. 사람이 자신 있게 고를 수 있는 선택지의 수는 4~6개다. 이것은 아이엔거와 레퍼가 발표한 '잼의 법칙'으로, 다음과 같은 실험을 통해 확인되었다.

한 마트에서 잼 시식 판매 행사를 했다. 시식 판매 코너를 두 그룹으로 나눠서 한 그룹은 잼을 24종, 다른 한 그룹은 6종을 준비했다. 시식한 손님 수와 구입한 비율을 확인해본 결과 시식한 사람 수는 '24종을 준비한 그룹'이 많았고, 구입한 비율은 '6종을 준비한 그룹'이 10배나 많았다.

이 결과를 통해 '사람은 선택지가 너무 많으면 하나를 고르기 힘들어져서 선택 자체를 포기한다'는 심리 작용을 알 수 있었다. 법칙의 특성 때문에 '결정 회피의 법칙'이라고도 한다.

앞서 말했듯이 사람이 자신 있게 선택할 수 있는 선택지의 수는 4~6개다. 단, 말로만 선택지를 제시할 경우는 '워킹메모리

(작업기억)'를 압박할 수 있기 때문에 나의 경험상 선택지의 수는 3개 정도로 하는 것이 바람직하다고 본다. 워킹메모리란 어떤 작업을 하면서 그때마다 정보를 일시적으로 저장하는 기억을 말한다.

다음과 같이 선택지를 묶어 개수를 줄인 것처럼 보이는 것도 한 방법이다.

> "강화할 대상은 입구·내부·출구 3가지 가운데 선택하실 수 있습니다. 첫 번째 입구의 대책을 선택할 경우는 메일 첨부와 링크, CD-ROM과 USB 메모리, 서버 메시지 블록 서비스 가운데서 고르시면 됩니다."

선택지를 카테고리로 묶어서 처음 보는 선택지의 수를 줄여 제시한다. 컷 다운 프레임과의 협력이라고도 할 수 있다.

또, 선택지 하나하나에 설명을 더해야 할 경우에도 전달해야 할 정보량이 늘어나버리므로 상대가 고르기 쉽도록 선택지의 수를 사전에 적게 설정해두는 것이 중요하다. 예를 들어 다음과 같이 설명하는 것이다.

> "서버 메시지 블록 서비스와 권한 승격 2가지 가운데 선택하시기를 권합니다. 서버 메시지 블록 서비스란 네트워크

상에서 파일과 프린터 등의 장치를 공유하기 위한 프로토콜(통신 규약)입니다. 권한 승격이란 어떤 유저를 대상으로 부여된 권한과 특권을 넘어서 보다 높은 접근권을 획득하는 공격을 말합니다."

'선택'이라는 행위에서는 선택지의 수와 순서, 선택 횟수 같은 요소의 조합이 결정에 영향을 준다. 이처럼 선택을 유도하는 방법과, 선택지를 제시하는 방식에 따라서 상대의 선택이 바뀌는 것, 또 그 경향을 이용해 사람의 선택을 유도하는 것을 '선택설계(choice architecture)'라고 한다.

이제 선택지를 구체적으로 어떻게 만들면 되는지 알아보겠다.

골디락스의 법칙

선택지를 3단계로 설정할 수 있는 경우에는 비장의 방법이 있다. 선택해주기를 바라는 선택지를 가운데에 두는 것이다. 그게 전부다.

사람은 3가지 선택지에서 가운데 것을 고르기 쉬운 심리가 있다. 이것을 '골디락스의 법칙'이라고도 한다. 골디락스의 법칙이란 너무 뜨겁거나 차갑지도 않은 딱 적당한 상태를 가리키는 말인데, 숲속을 지나던 소녀 골디락스가 곰이 끓인 수프 가운데 뜨겁지도 차갑지도 않은 수프를 맛있게 먹었다는 영국의 전래 동화 「골디락스와 곰 세 마리」에서 유래했다. 앞서 생선회를 파는 식당 사례에 등장한 '송죽매' 선택지와 같은 논리다(일본에서는 '송죽매의 법칙'이라고 한다).

이 법칙은 '낮은 품질, 낮은 가격', '중간 품질, 중간 가격', '높은 품질, 높은 가격'의 카메라를 준비하고, 어느 것을 구입할지 설문조사한 시몬슨의 연구(1992)를 통해서도 확인되었다. 조사 결과, 60퍼센트의 사람이 '중간 품질, 중간 가격'의 카메라를 선택했다.

> **바로 쓸 수 있는 표현**
> - 가격순으로 ○○, □□, △△로 되어 있는데, 어느 것으로 하시겠습니까?
> - 난이도 수준은 ○○, □□, △△순입니다. 어느 것으로 하시겠습니까?

중간 것을 고르기 쉽도록 다음과 같이 설명을 더하는 것도 효과적이다.

"저희 가게에 처음 오신 손님 가운데 많은 분이 '죽' 코스를 선택하십니다."

"저희 가게에서 가장 인기가 있는 것이 '죽' 코스입니다."

다른 사람들도 '이 선택을 했다'고 전달함으로써 특정 선택지에 대한 상대의 결정을 촉구할 수 있다. 우리는 타인이 무엇을 올바르다고 생각하는지를 보고, 그것을 기준으로 사물을 판단하는 경향이 있기 때문이다. 이것을 '사회적 증명의 원리'라고 한다.

> **바로 쓸 수 있는 표현**
> - 중간에 있는 ○○를 고르는 경우가 많습니다.
> - 이 ○○가 가장 인기 있어요.

선택지를 3단계로 할 수 없는 경우, 예를 들어 빨강·파랑·노랑의 색감처럼 전부 상대에게 있어 대등하면서 차이가 확실한 경우에는 상대가 선택해주기를 바라는 선택지를 마지막에 제시한다.

"마지막에 소개한 노란색을 추천합니다."

"마지막의 노란색이 손님에게 제일 어울려요."

이는 가장 나중에 제시된 정보가 가장 잘 기억에 남는다는 점에서 착안한 것으로, '최신효과'를 이용한 방법이다. 꼭 시도해보길 바란다.

> **바로 쓸 수 있는 표현**
> - 마지막에 소개한 ○○을 제일 추천합니다.
> - 마지막의 ○○을 권합니다.

> 소거법을 사용해
> 특정 선택지로 좁힌다

지금까지는 설명하는 사람이 선택지를 한정해 상대가 선택하게 하는 설명법을 소개했다. 반면에, 본래는 많이 있을 선택지를 극단적으로 줄여 상대에게 제시하는 행위는 경우에 따라서는 상대에게 불신감을 줄 수 있다.

'선택지가 이렇게 적을 리 없어. 이 사람이 자기한테 유리하도록 선택지의 수를 줄이고 있네'라고 생각하는 상대도 있을 것이다. 그러므로 신중하거나 의심이 많은 상대일 경우에는 무리 없이 특정 선택지를 고르게 하는 설명 기술을 활용하는 것이 좋다.

먼저, 앞서 언급한 대로 '선택지를 묶는' 방법이다. 그리고 또 하나, 강력한 방법은 '수많은 선택지가 있다고 하는 큰 틀을 상상하게 하면서 흐름도로 소거법을 사용해 특정 선택지로 좁히는' 방법이다.

좀 더 구체적으로 설명한다면, 예를 들어 당신이 자사의 영업력 강화를 추진할 경우 그림 2-9-1의 로직 트리(logic tree: 분석 대상의 요소와 문제점, 해결책을 분해하여 분석하기 위한 프레임워크)를 상상하면서 결정권자에게 다음과 같이 설명하는 것이다.

> "우리 회사에서는 현재 매출 저하의 원인으로, ① 서비스의 질 저하, ② 마케팅 전략 실패, ③ 영업력 부족, 이 3가지를 생각할 수 있습니다.
> 그중에서도 영업력 부족은 매출에 직결하기 때문에 서둘러 해결할 필요가 있습니다.
> 영업력 부족을 해결하기 위한 방법으로는 연수 실시, 수시채용 강화, 영업 지원 도구 도입 등이 있습니다.
> 연수는 성과가 나오기까지 시간이 걸리고, 수시채용은 지금도 시행하고 있다는 점을 생각하면 이제까지 우리 회사에서 착수하지 않은 영업 지원 도구의 도입을 검토해보는 것이 어떨까요?"

이처럼 많은(그림에서는 9개) 해결책을 전부 설명하지 않고, 선

[그림 2-9-1]

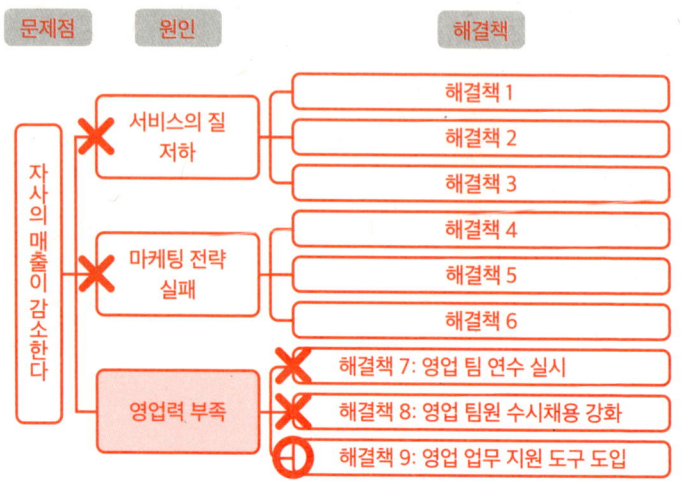

택지의 전체 모습은 보여주면서 상대가 결정해주기를 바라는 선택지로 한정해 제시하는 것이다. 그렇게 하면 '선택할 수 있는 선택지는 본래 많지만, 합리적인 이유 때문에 이 선택지로 좁힐 수 있다'는 것을 상대가 이해하기 쉽다.

갑자기 '영업 지원 도구의 도입이 최선'이라고 주장하면 상대의 납득을 끌어내기 어렵거나 불신감을 줄 수도 있다. 선택지의 전체 모습을 제시하면서 특정 선택지에 도달하는 합리적인 이유를 차분히 설명하는 자세를 취한다면, 불신감을 해소시켜 당신의 성실함을 상대에게 전달할 수 있을 것이다.

바로 쓸 수 있는 표현

- 이 흐름에 따라 다른 선택지를 소거법으로 지워가면…
- 이들 선택지를 ○○라는 전제에서 지워가면…
- 이들 선택지는 ○○라는 이유에서 피하면…

> ## 결정권자가 따로 있을 때의
> ## 설명 요령

 마지막으로 상대가 결정권자가 아닌 경우에 대해 알아보겠다. 영업 현장에서는 보통 현장 담당자가 설명을 듣고, 이후에 그 부서의 상사나 임원이 결재한다. 이럴 때는 약간의 요령이 필요하다.
 간단히 말하면, 눈앞의 상대가 이해하거나 결정하는 것을 최우선으로 생각하지는 않아도 된다. 결정을 재촉하기보다는 내 설명에 감동을 받아서 상사에게 의욕적으로 보고할 수 있게 하는 것이 중요하다.

"○○ 부장님께 전해주시면 감사하겠습니다."

"이 안건의 담당자라는 것은 상사의 신뢰가 크다는 거죠."
"○○ 씨가 창구가 되어주어서 정말 다행입니다."

이런 표현으로 의욕을 자극해 결정권자에게 내가 말한 내용을 전달할 수 있도록 촉구한다.

한편, 결정권자에게는 간접적으로 설명이 전달되기 때문에 감정적인 정보 전달보다 논리를 갖춘 정확한 전달 방식이 필요하다.

그럴 때 주의해야 할 것은, 눈앞의 상대와 결정권자에게는 다르게 논리를 전개해야 한다는 점이다. 예를 들어 상대는 현장 담당자이고 결정권자는 그의 상사인 부장일 경우에는, 두 사람의 판단 기준이 다를 가능성이 높기 때문이다. 또, 상대에게 전달한 정보가 결정권자에게 그대로 전달된다고 볼 수도 없다.

이를테면 현장 담당자는 어떻게 하면 업무를 효율적으로 진행할지나, 상사에게 평가를 잘 받아서 월급을 인상시킬지를 중요시할 수 있다. 사람에 따라서는 업무를 통해 자신이 성장할 수 있을지 없을지를 가늠하기도 한다.

반면에 상사는 전혀 다른 생각과 판단 기준을 가질 수 있다. 예를 들어 상사가 부서의 비용 절감을 우선할 경우에는, 현장 담당자를 대상으로 설명할 자료를 준비할 뿐 아니라 결정권자가 우선하는, 비용 절감에 대한 목표치나 시뮬레이션의 그래프 같은 설명도 준비해두어야 한다.

이런 발상으로 준비한 정보를 현장 담당자에게 설명하는 것은 물론, 실제로 결정권자에게 그대로 보낼 수 있는 설명 자료를 준비해야 한다. 이 준비의 정밀도를 높이기 위해 상대는 물론, 주위의 정보를 토대로 결정권자에 대해 사전조사를 하는 것이 좋다.

현장 담당자가 이메일이나 자료 파일을 그대로 복사해서 상사에게 보낼 수 있도록 문장을 작성하고, 담당자에게는 다음과 같이 정보를 전달해줄 것을 부탁하면 좋다.

> "이 자료를 ○○ 부장님께 그대로 보내주시기 바랍니다."
> "이 메일의 이 부분을 복사해 ○○ 과장님께 보내주시면 감사하겠습니다."

이렇게 전달하면 내가 제안한 정보가 결정권자에게 정확히 전달될 가능성이 높아진다. 즉, 정보 전달에 오류가 생길 경우를 줄일 수 있다.

또, 눈앞의 상대가 '투명인간 취급당한다'고 오해하지 않게 할 필요가 있다.

> "그렇게 해주시면 ○○ 씨가 번거롭지 않을 것 같습니다."

"지난번 ○○ 씨와 결정한 것을 □□ 부장님께 전달하기 쉽도록 제가 다시 정리해봤습니다."

이런 표현을 더하면 상대에게 부드러운 인상을 줄 수 있다.

바로 쓸 수 있는 표현
- 이 설명 자료를 그대로 ○○ 님(결정권자)께 보내주십시오.
- 이 메일의 이 부분을 복사해서 ○○ 님(결정권자)께 전달해주시기 바랍니다.
- 이 내용을 그대로 전해주시는 것이 ○○ 님(결정권자)께 전달되기 쉬울 것 같습니다.

CHAPTER 10

설명 프레임 10
'자기주장'

논박하지 않고 주장을 관철한다

| 적용 가능한 상황 |

회의, 자기소개, 면접, 일상생활

> 분위기를 깨지 않고
> 반대 의견을 전달하는 방법

고민 끝에 생각해낸 의견이나 아이디어를 상대에게 전달했을 때 이런 말을 들으면 기분이 어떨까?

"그런데 말이죠…"
"아, 하지만…"
"그게 아니라…"

아마도 그리 기분이 좋지는 않을 것이다. 상대의 의견이 맞거나 상대에게 악의가 없다고 해도 이런 의견을 받아들이기는 쉽지 않다.

이 상황을 반대 입장에서 생각해보자. 당신이 상대에게 반대 의견이나 다른 의견을 제시해야 할 때, 어떻게 말하면 거절당하고, 어떻게 말하면 부드럽게 받아들여질까?

이번 장에서는 당신의 의견과 생각을 상대에게 부드럽게 전달하기 위한 '자기주장 프레임'을 소개하겠다. '자기주장'이라고 하면 '단순히 자신의 의견을 끝까지 주장한다'고 생각하는 사람도 있을 텐데, 절대 그렇지 않다. 이것은 커뮤니케이션 기술 가운데 하나인 '어서션(assertion, 자기주장)'의 개념을 근거로 한다. 어서션이란 상대의 의견과 그 자리의 분위기를 존중하며 대등한 입장에서 자신의 의견을 분명하게 전달하는 커뮤니케이션을 말한다.

상대의 의견이 명백하게 틀린 것이라서 반대 의견을 말하지 않으면 안 될 경우나, 다른 시각의 의견으로 더욱 활발한 논의가 필요한 경우일 때 이 프레임을 사용할 수 있다.

또, 의견과 아이디어를 낸 상대가 자신보다 높은 위치에 있거나 고객일 경우 등 상대와 자신의 입장 차이를 고려하면 말하기 어려운 상황도 있는데, 그럴 때도 도움이 된다. 설명할 때 상대를 존중하는 자세를 의도적으로 보여주면, 상대와의 관계를 유지·발전시킬 가능성이 있으며, 상대의 자존심을 높여줄 수 있다.

'예스'로 시작하는 것이 요령이다

자기주장 프레임의 핵심은, 상대의 의견과 아이디어를 수용하는 자세를 보여주는 것에서부터 시작된다. 일단 상대의 발언에 '예스'라고 답하고 나서 반대 의견이나 다른 생각을 전달한다.

반대로, 피해야 할 것도 있다. 역접의 의미를 가진 접속사인 '그러나', '그렇지만'으로 시작해선 안 된다. 상대는 이 말을 듣는 순간 '내 의견에 반대한다고?', '내 아이디어는 쓸모없다는 건가?'라고 느낄 수 있다.

결과적으로 상대는 그 접속사를 쓴 당신의 의견과 생각에 부정적인 감정을 가진 상태에서 이야기를 듣게 된다. 당신이 자신의 의견과 생각을 전달하고 싶은 상황임에도 불리한 상태에서 시작해야 하는 것이다.

그렇기 때문에 일단 '예스'라고 말하는 것이 중요하다. "확실히 그렇죠", "알겠습니다" 등을 사용하면 좋다.

> **바로 쓸 수 있는 표현**
>
> - 말씀하신 의견이 맞습니다.
> - 확실히 그렇죠.
> - 알겠습니다.
> - 훌륭한 아이디어네요!
> - 재미있어요!
> - 그거, 정말 중요한 생각입니다.
> - 그 생각은 상당히 흥미롭네요.

'예스'의 의미를 전달하는 단계를 넣는 것만으로도 상대는 '내 의견에 찬성하는군', '의견이 잘 전달되었나 봐' 등 긍정적인 기분을 갖게 되어 안심한다. 당신의 의견을 들을 자세가 180도 달라지는 것이다.

이렇게 '예스'를 말한 후 반대 의견이나 다른 생각을 부드럽게 전달하는 기술에 대해 살펴보겠다.

> 수용하기 어려운 제안을 받았을 때
> 실패하지 않는 대응 방법

계약 문제와 관련된 협상에서 상대가 제안한 조건을 받아들이기 어려울 경우에는 어떻게 해야 할까?

"이 건은 5천만 원 예산에, 납기일은 다음 달 말로 하면 어떨까요?"

당신이 이렇게 제안을 받았는데, 상대방의 조건을 당신이나 회사 차원에서는 전부 수용할 수 없는 상황이다. 그럴 때 굳은 표정으로 갑자기 "아뇨, 그 조건은 어렵습니다" 하면, 순식간에 분위기가 얼어붙거나 상대와 적대 관계가 될 수 있다. 그렇다고

"알겠습니다"라고 했다가는 당신과 회사가 손해를 볼 수 있다.

이럴 때 자기주장 프레임을 이용한 가장 좋은 방법은, 수용하기 어려운 조건은 남기고 그 외의 것은 수용하는 것이다. 예를 들어 예산액이 생각보다 적고 납기일도 촉박하다면,

> "먼저 제시해주셔서 감사합니다. 만일 예산액이 5천만 원이면, 납기는 2개월로 해주실 수 없을까요? 납기를 다음 달 말로 할 경우 견적이 8천만 원이 나옵니다만."

이처럼 어떤 부분은 받아들이면서 수용하기 어려운 부분에 대해서만 자신의 의견과 생각을 선택지를 제시하며 설명한다. 굳은 표정 대신 웃는 얼굴로 회답하면 상대의 경계심도 줄어들 것이다.

바로 쓸 수 있는 표현

- ○○ 님의 의견, 맞는 말씀입니다. 그런 전제에서 □□ 부분에 대해 △△는 어떻게 생각하십니까?
- ○○ 님의 생각은 잘 알겠습니다. 그와 동시에 저는 □□에 대해 △△라고 생각합니다.

논박해봐야 도움이 안 된다

 상대에게 반대 의견을 말해도 어쩔 수 없이 평행선을 이루게 되어버리는 경우도 있는데, 그럴 때 어느 한쪽의 의견으로 수습하는 방법도 있다. 단, 다른 의견을 낸 사람은 마음이 찜찜한 상태일 수 있다.

 설득력을 발휘해서 상대가 반대 의견을 수용하게 하는 것도 중요하다. 그럴 경우 상대는 논박되었다는 느낌 때문에 당신에게 좋지 않은 감정을 가질 수 있다. 이런 상황을 피하기 위해서, 당신의 의견이나 상대의 의견이 아닌 새로운 해법으로 상대를 납득시키는 설명 기술을 알아보겠다.

 먼저, 상대의 의견을 '테제[논리를 전개하기 위한 최초의 주장, 한자

[그림 2-10-1]

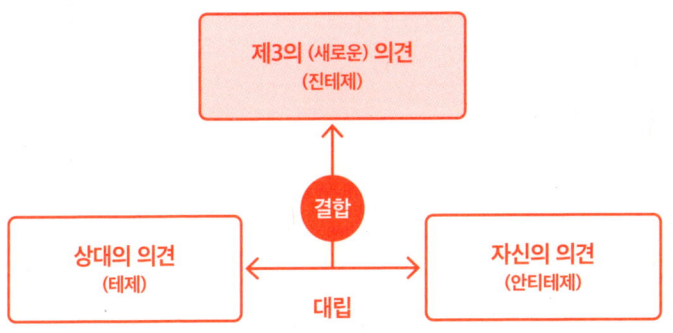

출처: 졸저, 『머리 좋은 사람의 대인관계』(頭のいい人の対人関係)에서 일부 수정했다.

로 표기하면 정(正)이다]', 자신의 반대 의견을 '안티테제[최초의 주장에 대립하는 새로운 주장, 한자로 표기하면 반(反)이다]'라고 한다. 양립하지 않는 이 두 의견의 모순점을 해소하여 통합시킨 제3의 의견(새로운 답)을 '진테제[대립과 모순이 통일되는 새로운 단계, 한자로 표기하면 (合)이다]'라고 한다(그림 2-10-1).

　진테제는 쌍방이 납득할 수 있는 합의점이다. 이것은 '변증법'을 기반으로 한다. 변증법은 철학과 논리학에서 사용되는 논리 구조로, 역사적인 흐름에 따라 그 의미는 광범위한데, 여기서는 독일의 철학자 프리드리히 헤겔이 주장한 '사물의 부정을 통해 새로운, 보다 높은 차원으로 지양시키는 대화법'으로 이해하기로 한다.

'지양(止揚)'은 대립하는 두 관계를 하나 더 높은 차원으로 끌어올린다는 의미로, 독일어로는 '아우프헤벤(aufheben)'이다. 모순점을 발견해 부정하면서 의도적으로 의견이나 생각을 넓혀 진테제(제3의 해법)를 만들어가는 것이다. 이 제3의 해법을 상대에게 전달함으로써 생산적이면서도 양호한 관계를 유지한 채 원활하게 논의를 전개할 수 있다.

진실로 효과적인 설명은, 상대와의 충돌은 가능한 한 피하면서 서로 납득하는 해법을 이끌어내어 상대와의 관계를 양호하게 지속·발전시키는 것이다.

> '제3의 해법'으로 납득시키는
> 3단계

진테제(제3의 해법)를 효과적으로 전달하려면, 다음의 3단계를 거쳐야 한다.

- **단계 1**: 확실히 ○○ 씨의 ○○라는 의견은 지당합니다. (테제)
- **단계 2**: 그런 가정에서, 나의 생각은 □□입니다. (안티테제)
- **단계 3**: 그래서 서로의 생각을 종합해, △△는 어떨까요? (진테제)

단계 1에서는 상대의 의견(테제)을 수용하는 자세를 보이고,

단계 2에서는 일단 자신의 반대 의견이나 생각(안티테제)을 말한다. 이때 역접 접속사는 사용하지 않도록 주의한다. 마지막으로 단계 3에서 상대 의견도 수용해 만들었다는 것을 암시하며 제3의 의견이나 아이디어(진테제)를 말한다. 의문형으로 하면 부드러운 인상을 줄 수 있다.

예를 들어 회사에서 재택근무를 지속하고 싶은 현장의 의견과 폐지하고 싶은 경영진의 의견이 충돌했는데, 당신이 관리직이라면 다음과 같이 진테제를 전달함으로써 적절한 합의점으로 갈 수 있는 확률을 높일 수 있다.

> "확실히 ○○ 씨와 여러분의 말처럼 육아나 간병 문제가 있는 직원을 위해서 재택근무를 지속하는 것이 좋다는 의견은 지당하다고 생각합니다."(단계 1)
>
> "그런 가정하에, 저는 관리자로서 팀의 연대감과 직장 문화를 잃지 않도록 출근을 늘리고 싶습니다."(단계 2)
>
> "그래서 서로의 생각을 조정해 주 1회 정해진 근무시간대로 일하거나 아니면 주 2회 오후 시간만 근무를 위해 출근하는 등 부분적인 출근 형태를 각자 정하도록 하는 것은 어떨까요?"(단계 3)

이 3개의 단계를 응용하면, 쌍방향 대화 형식이 아니라 일방적인 프레젠테이션이나 강연에서도 진테제를 전달할 수 있다. 자신이 정말 말하고 싶은 내용(진테제)으로부터 역산해서 전개하는 것이다.

구체적으로 설명하면 다음과 같다. 먼저, 일반적인 주장이나 의견(테제)에 대해 가정할 수 있는 반대 의견(안티테제)를 제시한다. 거기서 대립하는 두 입장의 의견과 생각을 명확히 한 다음, 때를 기다려 자신의 의견(진테제)을 제시하는 것이다. 그렇게 하면 매우 설득력 있는 설명이 된다. 앞의 3단계를 다음과 같이 변경한다.

- **단계 1**: 보통, ○○라고 생각할 수 있습니다. (테제)
- **단계 2**: 반면에 □□라는 의견도 있습니다. (안티테제)
- **단계 3**: 그것들은 정말 옳은 것일까요? 저는 그 어느 한쪽이 아니라 △△가 앞으로 중요해질 것이라고 생각합니다. (진테제)

어린아이의 태블릿 사용에 대한 논의를 예로 들어보겠다.

"일반적으로 태블릿은 유아의 발육에 악영향을 줄 가능성이 있기 때문에 사용하지 못하도록 하는 것이 좋다는 의견이 있습니다." (단계 1)

"반면, 어릴 때부터 태블릿에 익숙해지는 것이 디지털 사회에서는 유리하지 않을까 하는 의견도 있지요."(단계 2)

"과연 어느 쪽이 좋을까요? 저는 그 어느 쪽도 확실한 방법은 아니라고 생각합니다. 일단 나이에 맞는 발달을 저해하지 않도록 적절한 사용 시간 등의 과학적 근거를 찾은 후에 방법을 정하는 것이 중요하다고 생각합니다."(단계 3)

이렇게 전개하면 단순히 단계 3의 내용을 말하는 것보다 한층 설득력 있는 설명이 된다.

> 결론이 아니라
> 사실에 접근한다

진테제를 만드는 방법에 대해 간단히 소개하겠다. 이는 경우에 따라 다르므로 여기서는 상대의 체면을 구기지 않으면서 설득력을 갖는 진테제 만들기 요령을 소개하려고 한다.

그것은 한마디로, 상대 의견의 결론이 아니라 과정 부분에 접근하는 것이다. 여기서 말하는 과정이란 상대가 낸 결론에 이르는 근거(이유나 사실)를 가리킨다.

그림 2-10-2처럼, 상대가 결론을 이끌어내기 위해 거쳤던 사실이나 이유에 접근해 진테제를 만든다. 아래로 내려갈수록 해석 기술과 사고력이 필요하기 때문에 상대의 능력이 그대로 반영되는데, 이와 연관된 진테제를 말하면 '내 말이 논리적이지

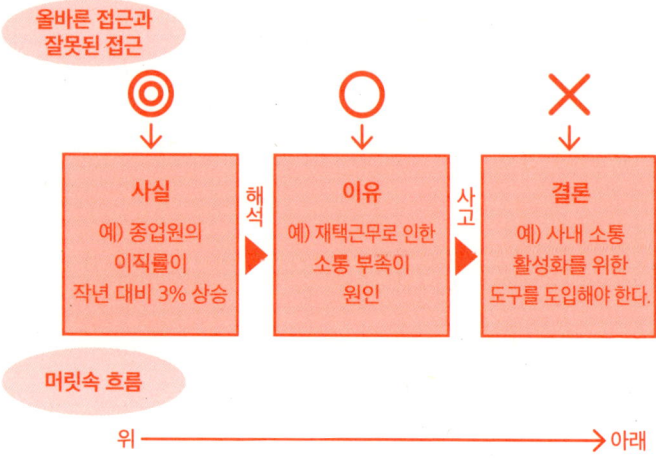

[그림 2-10-2]

않다고?' 같은 방어 본능이 작동해서 당신의 진테제를 감정적으로 거절할 가능성이 높아진다.

그래서 진테제는 윗부분과 관련해 제안하는 것이 상대의 자존심에 상처를 주지 않을 수 있다. 그만큼 진테제를 받아들이기 쉽기 때문이다.

그림 2-10-2의 예로 말하면, '도구 도입(결론)'에 갑자기 안티테제를 주장하기보다 한 단계 위에 있는 '재택근무로 인한 소통 부족이 원인이다'에 접근해야 한다. 이직률 상승의 원인으로서 '재택근무로 인해 업무를 직접 확인할 수 없어 정당한 인사평가가 이루어지기 어렵다'를 안티테제로 주장하는 것이다.

다른 예를 들어보면, 만약 당신이 일하는 직장에서 환경보호 시책을 실시할지 말지 의견이 갈렸다고 한다면, 환경보호 시책 실시에 반대하는 상대에게 당신이 진테제를 사용해 설명을 전개하는 것이다. 이때 가장 위에 있는 사실(근거)에 접근해서 진테제를 말할 경우, 다음과 같은 전개를 생각할 수 있다.

> "○○ 씨의 말처럼, 환경보호 시책 실시는 이익을 줄임으로써 경영에 악영향을 줄 것입니다."(단계 1)
>
> "그런 전제에서도 저는 역시 환경보호 시책 실시가 필요하다고 생각합니다. 이미 실시하고 있는 기업 100곳의 경우, 단기적으로는 경영에 압박을 받았지만 중장기적으로는 플러스 요인로 작용했다는 내용이 정부의 보고서를 통해 최근에 발표되었기 때문입니다."(단계 2)
>
> "그러므로 서로의 생각을 종합해서, 이익에 압박을 주지 않는 환경보호 시책을 조금씩 시작하면서 단기적인 매출을 메우기 위한 새로운 시책도 함께 생각해보지 않으시겠습니까?"(단계 3)

이렇게 말하면, 상대의 '환경보호 시책은 경영을 압박한다'는 의견을 부정하지 않으면서도 당신의 의견을 관철할 수 있다. 이를 위해서는 정부 보고서를 근거(사실)로 제시한다. '단기'나 '중장기'라는 시점, 또 이익 감소 리스크 대응에 대한 제안을 진테제로 말하는 것으로 상대가 가장 관철하고 싶은 '경영 압박 회피'를 달성할 수 있음을 주장하는 것이다.

> **바로 쓸 수 있는 표현**
> - 새로 나온 사실로서…
> - 아직 공표되지 않은 사실이라 모르는 것이 당연한데…

> 상대의 의견을 포용하는
> 마법의 기술

 마지막으로, 상대의 의견을 수용하고 반론을 받지 않으면서 자신의 주장을 무난하게 통과시키는 마법 같은 기술을 소개하겠다. 그것은 상대의 의견보다 상위 계층에서 의견을 만들어 설명에 포함하는 것이다. 그렇게 하면 상대의 의견을 포함하면서 반론을 꺼내지 않게 하는 설명을 전개할 수 있다.

 그림 2-10-3은 계층을 2개로 나눈 예다. 예를 들어 어떤 기업이 새로운 스마트폰 애플리케이션을 개발하는 중이라고 가정해보자. 개발 팀원 중에서 A씨는 "사용자 경험(UX)에 관한 전문가를 고용해서 사용하기 편한 디자인을 실현해야 합니다!"라는 의견을 냈고, B씨는 "애플리케이션 내의 유료 기능을 최적화해

[그림 2-10-3]

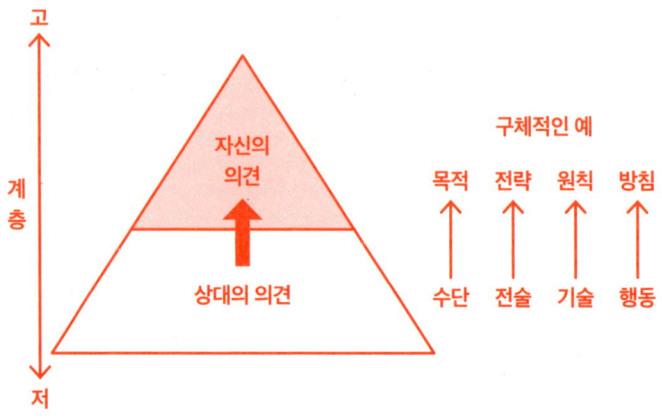

서 사용자의 구매 체험을 향상시키는 것이 중요합니다!"라고 말했다.

이럴 때 당신이 "마케팅 조사를 해서 사용자의 요구를 정확히 파악하는 것이 반드시 필요합니다! 구체적인 조사 방법은…" 하고 설명을 시작하면, 두 팀원은 납득하지 못할 것이다. 그보다는 다음과 같이 설명을 전개하는 것이 다른 팀원을 납득시키기 쉽다.

> "양쪽 모두 필요한 수단이라고 생각합니다. 중요한 것은 애플리케이션 내에서 고객의 구매 의욕을 높이고, 고객이 사

용하기 쉬운 스마트폰 애플리케이션을 제공한다는 목적을 잊지 않는 겁니다.

그렇게 하기 위해서는 먼저 사용자의 요구를 정확히 파악하기 위한 설문조사부터 시작하는 것은 어떨까요? 그렇게 하면 사용자가 사용하기 쉬운 디자인과 원하는 구매 체험도 구체적으로 알 수 있을 겁니다."

이렇게 A씨와 B씨의 의견(수단)의 상위 계층에 있는 목적을 자신의 의견으로 먼저 말하는 것이다. 그다음에 목적을 달성할 수 있는 수단을 설명한다.

바로 쓸 수 있는 표현

- 목적은 □□이죠. 그걸 위한 수단으로는…
- 전략이 ○○입니다. 그 전술로써…
- ○○이 원칙입니다. 그 원칙에 따른 수법으로…
- 방침은 ○○입니다. 그 방침에 따른 행동으로는…

이때 주의할 점은, 자신의 의견을 상위 계층에서 설명하는 것으로 그치지 말 것, 즉 목적과 원칙에 대한 설명에서 멈춰서는 안 된다는 것이다. 그렇게 설명을 끝내버리면 상대는 단순히 추상화했을 뿐이라고 받아들여서 "조금 추상적인데요?" 또는

"그럼 구체적으로는 어떻게…" 하며 반론을 꺼낼 수 있기 때문이다.

앞서의 예에서라면 "애플리케이션 내에서 고객의 구매 의욕을 높이고, 고객이 사용하기 쉬운 스마트폰 애플리케이션을 제공한다는 목적을 잊지 않는 겁니다"에서 끝내지 말고, 그다음의 구체적인 수단까지 전달해야 비로소 효과적인 설명이 된다.

상대와 맞서지 않고, 동시에 우호적인 관계를 유지하면서 서로 스스럼없이 의견을 나눌 수 있기 위해서도 자기주장 프레임을 습득하길 바란다.

CHAPTER 11

설명 프레임 11
'결여 어필'

상대의 '채워지지 않는 답답함'을 해소한다

| 적용 가능한 상황 |

회의, 프레젠테이션, 영업

> 사람은 부족한 것을
> 채우고 싶어 한다

"효과적인 설명을 위한 프레임은 모두 11개입니다. 지금까지 10개의 프레임을 소개했습니다. 그리고 아직 말하지 않은 마지막 하나가 이 '결여 어필 프레임'입니다."

마지막으로 소개하는 '결여 어필'은 '지금 당신의 정보는 부족하다'고 어필함으로써 '이야기를 듣고 싶다!'는 기분을 자극하는 프레임이다.

무언가 부족하다고 느끼면 그것을 채우고 싶은 욕구가 강하게 생기는데, 이 프레임은 그런 심리를 이용하는 것이다. 이 프레임의 효과는 매우 강력해서, 전혀 알지 못하던 정보도 상대가 단번에 자기 것으로 만들게 할 수 있으며, 경우에 따라서는 설명 내용을 단기간에 습득하게 만든다.

결여 어필 프레임은 다음의 순서를 따르면 효과를 크게 발휘할 수 있다.

- **단계 1**: '부족함'을 깨닫게 하기 위해 전체적인 윤곽을 제시한다.
- **단계 2**: 설명하는 사람이 그 '부족함'을 채울 수 있다는 사실을 알려준다.
- **단계 3**: '부족함'을 채울 정보와 지식을 설명한다.

예를 들어 다음과 같이 설명하는 것이다.

"사실 여러분이 지금의 단계에서 알고 있는 '효과적인 설명'의 대원칙은 총 3가지 가운데 2가지뿐입니다." (단계 1)
"나머지 하나는 아직 말하지 않았는데, 매우 중요한 것이니까 지금부터 설명하겠습니다." (단계 2)
"세 번째는…" (단계 3)

먼저, 단계 1에서 상대가 알아야 할 것이 '총 3개'라는 전체적인 윤곽을 제시한다. 그러지 않으면 단계 2에서 부족한 것이 있다고 말했을 때 상대는 자신이 '모른다'는 것은 인지하지만 그

것이 '채워지지 않은' 정보임은 깨닫지 못한다. 이러한 단계를 제대로 거쳐야 상대는 자신의 정보와 지식이 부족한 상태라는 것을 비로소 이해할 수 있다.

마지막으로 단계 3에서는 단계 2에서 상대가 자각한 '부족함'을 채우는 정보와 지식을 설명한다. '부족함'을 채우는 정보와 지식이 상대가 처음 듣는 내용일수록 그 후의 설명이 주는 인상은 강해진다.

이 순서를 거치면, 부족했던 마지막 하나를 손에 넣음으로써 퍼즐 조각을 맞췄을 때 느끼는 통쾌함을 상대에게 줄 수 있다.

결여 어필 프레임의 3단계를 거칠 때는, 서두르거나 허둥대지 말아야 한다. 상대가 조바심을 느껴야 더욱 효과적이다.

> **바로 쓸 수 있는 표현**
> - 사실은 총 ○개인데 그 가운데 아직 △개밖에 말하지 않았습니다. (단계 1)
> - 그래서 지금부터 마지막 하나를 설명하겠습니다. (단계 2)
> - 그 하나가… (단계 3)

바로 쓸 수 있는 표현

- 사실 당신이 알고 있는 것은 총 □개 중 △개뿐입니다. (단계 1)
- 나머지 △는 아직 모를 테니, 지금부터 설명하겠습니다. (단계 2)
- '부족함'을 채우는 정보와 지식을 전달한다. (단계 3)

> ## 성실한 공부벌레일수록
> ## 결여에 약하다

앞서 설명했듯이, 결여 어필 프레임은 퍼즐의 마지막 한 조각을 채우는 순간에 느낄 법한 통쾌함을 상대에게 줄 수 있다.

단순히 퍼즐 조각을 1개 주기보다는 그 조각이 '마지막 1개'라는 것을 사전에 알려주면 큰 효과를 얻을 수 있다. 그 조각이 더 가치 있게 느껴져서 마지막을 채운 순간 상대의 설렘은 절정에 달하게 된다.

또, 이 프레임은 '전부 갖추고 싶다'는 일종의 완벽함에 대한 바람이 강한 상대일수록 큰 효과를 발휘한다. 예를 들어 공부나 자기관리를 위해서 책을 많이 사서 쌓아두는 사람 같은 경우에는 새 책이 나오면 '아마 내가 모르는 내용일 거니까 사두지 않으면 손해야!'라며 일단 책을 사버린다. 특히 시리즈로 구성된 경우에는 전부 사서 갖춰놓지 않으면 왠지 불안해한다. 이처럼 성실하고 공부에 욕심이 있는 사람일수록 완벽함을 추구하는 경향이 있어서 이 결여 어필 프레임을 사용하기에 효과적이다.

결여 어필 프레임은 일종의 '공포 어필' 기술이라고 할 수도 있다. 공포 어필이란 불안과 공포를 자극해 상대의 관심을 끈 다음, 그것을 낮추는 방법과 해결책을 제시하는 것이다.

상품으로 거래되는 정보를 파는 사업을 하는 사람의 영업 멘트를 예로 들어보자.

"지금 이대로라면 절대 성공할 수 없습니다. 왜냐하면 여러분에게는 아직 부족한 것이 있기 때문입니다. 여러분이 성공하기에 부족한 그 나머지가 전부 이 교재에 담겨 있습니다."

이처럼 '채워지지 않은 것이 있기 때문에 성공할 수 없다→부족한 것은 자신(설명하는 사람)이 전부 갖고 있다→그러니까 이걸 사달라'식의 논리로, 상대의 구매 의욕을 부추기는 것이다.

이 프레임은 '부족함'에 대한 공포심을 의도적으로 자극하는 방법이다. 경우에 따라서는 상대가 냉정하게 판단하는 것을 막기도 한다.

그렇기 때문에 이 프레임은 절대 악용해선 안 된다.

여기서 말하고 싶은 것은, 이 프레임을 사용해 상대를 자극하는 것이 옳으냐 그르냐의 문제가 아니다. 상대를 자극했더라도 그다음에 상대에게 도움이 되는 정보를 줄 수 있는지 여부가 중요하다는 뜻이다. 상대에게 도움이 되는 정보가 없다면 돈을 갈취하기 위한 세미나나 악덕 사이트처럼 되어버리기 때문이다.

> **바로 쓸 수 있는 표현**
> - ○○가 부족하기 때문에 □□를 할 수 없는 겁니다. 그 □□를 제가 알려드릴 수 있습니다.

> 눈에 보이는 빈칸이 효과적이다

결여 어필 프레임은 시각화해서 보여줄 수도 있다. 자료 안에 의도적으로 '빈칸'을 만들어서 상대에게 시각적으로 '결여'를 어필하는 것이다.

기업 연수 프로그램에서 직원들의 창의력을 높이려면 '과학적 사고법'이 필요함을 설명하는 상황을 예로 들어보겠다. 창의력을 높이기 위해 필요한 사고법으로는 예술적 사고, 디자인 사고, 테크놀로지 사고(엔지니어링 사고), 그리고 과학적 사고 등 4가지가 있다. 과학적 사고 외 3가지 사고법에 대해서는 상대가 이미 알고 있다는 전제에서 설명한다고 할 때, "창의력을 높이기 위한 시작점이 되는 사고법은 과학적 사고입니다" 하고 정

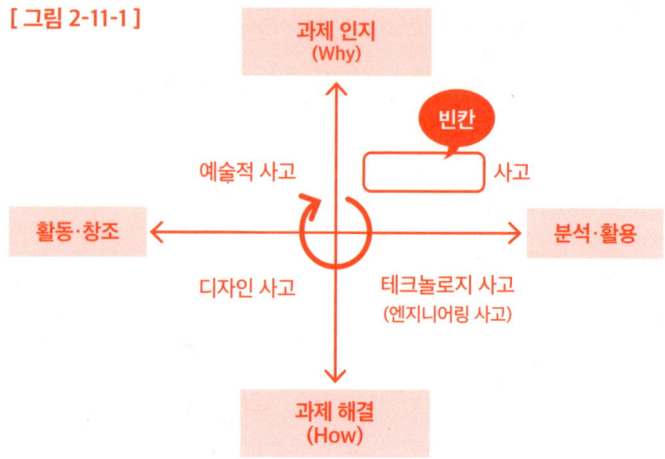

출처: 매사추세츠공과대학 미디어연구실의 네리 옥스만이 작성한 논문(2018)을 토대로 저자가 만든 것임.

보를 그대로 전달하면 상대가 흥미를 느끼기 어려울 것이다.

그래서 화이트보드나 슬라이드를 사용해 그림 2-11-1처럼 정보에 결여를 만들어놓고 설명한다.

> "그런데 이 빈칸에 들어갈, 창의력을 높이는 시작점이 되는 사고법은 무엇일까요?"

이렇게 묻는 것이 상대의 흥미와 관심을 끌 수 있는 방법이다.

> "이미 여러분이 알고 있는 예술적 사고, 디자인 사고, 테크놀로지 사고, 이들 3가지 사고법의 시작점이 되는 사고법입니다."

이런 말도 더하면서 상대의 완벽함에 대한 바람을 자극하는 것이다. 쐐기를 박기 위해 '대비 프레임'을 사용해서

> "다른 3개의 사고법이 주목받은 것은 극히 최근의 일이지만, 과학적 사고가 사고 기술로서 주목을 받은 것은 고대 그리스 시대부터로, 약 3천 년의 역사를 갖고 있습니다. 그만큼 예리하게 다듬어진 사고법이며, 아리스토텔레스와 아인슈타인을 비롯해 역사에 이름을 새긴 '지(知)의 거장'들은 모두 과학적 사고를 습득했습니다."

이처럼 몰아치면 상대의 지적 욕구를 최대한으로 끌어올릴 수 있다.

정보와 지식을 줄줄이 설명하면 상대는 쉽게 질려버린다. 그렇기 때문에 일부러 '결여'를 어필해서 상대에게 '그것을 채우고 싶다'는 생각을 갖게 만들어야 한다.

나오는 말

'이거, 누가 설명해줬던 거였더라? 아 뭐, 누구든 상관없지.'
 나는 독자들이 이렇게 생각해주길 바란다. 설명할 때 내가 상대에게 바라는 것은 궁극적으로 하나이기 때문이다. 그것은 바로, 들은 내용을 자기 것으로 만드는 것이다. 내 얼굴이나 이름은 잊어도 상관없다. 상대가 내용을 기억하고 활용한다면, 설명한 사람의 역할은 충분히 달성한 것이기 때문이다.

설명이라는 것은 인류의 지식을 대대로 전하기 위한 최고의 기술이다.

과장되게 들릴 수 있지만, 나는 이런 생각으로 지금까지 설명 기술을 갈고닦아왔다.
 마지막으로, 이 책을 선택해준 당신에게 전하고 싶은 말이 있다. 단지 '설명'일 뿐이지만, 그 너머에는 더욱 큰 것이 있다고 생각한다. 당신이 가지고 있는 것을 눈앞에 있는 사람에게 전달해 남길 수 있는, 그런 커뮤니케이션의 수단이 '설명'이다. 당신이 가지고 있는 지혜를 소중한 사람의 머릿속에 남길 수 있는 방법이다. 그렇게 생각하면 '설명'은 최고의 커뮤니케이션 수단이 아닐까.

이 책을 내가 썼다는 것은 잊어버려도 좋다. 단, 책의 내용 가운데 일부만이라도 기억해준다면 역시 책을 쓰길 잘했다고 생각할 것이다. 당신 안에 뭔가 하나라도 남길 수 있기 때문이다.

살아 있다는 것은 무언가를 남기는 것이다.

나는 이렇게 생각하면서 살고 있다. 인간이 생명체라는 점에서 우리 역시 언젠가는 반드시 생명 활동이 정지할 것이다. 그렇기 때문에 생명 활동을 하고 있는 제한된 시간 안에서 누군가에게 무언가를 남기는 커뮤니케이션을 할 수 있다는 것이 가장 큰 보람이라고 생각한다.

이 책을 통해 당신에게 무언가 남기고 싶다는 마음으로 여기까지 쓸 수 있었다. 끝까지 읽어준 당신에게 감사드린다. 교육을 통해 인류의 지식이 앞으로도 계속 전해지기를 바란다.

감사의 말

마지막으로 이 책의 출간을 위해 도움을 준 많은 분들께 감사의 말씀을 전하고자 한다. 닛케이BP의 사카이 게이코 씨와 에리에 스북컨설팅의 도이 에이지 씨는 집필하는 과정에서 많은 아이디어를 내주었다. 진심으로 감사드린다. 베스트셀러가 된 『덴쓰 현역 전략 플래너의 히트를 만드는 '조사법' 교과서』의 저자인 아내 아야카 역시 헌신적으로 도와주었다. 친구인 오하시 게이토, 스즈키 겐타, 모두 고맙다. 가와이주쿠학원의 나리카와 히로야스 선생님께는 너무 많이 신세를 져서 고개를 들 수 없을 정도다. 항상 응원해주는 부모님과 장인어른·장모님께도 감사드린다. 건강하게 오랫동안 곁에 계셔주세요.

그리고 이 책을 읽어준 당신에게 진심으로 감사드린다.

이누쓰카 마사시

부록

설명 프레임을 적용해 '바로 쓸 수 있는 표현'

설명 프레임 1 이점 호소

상대의 관심을 이끌어내는 특효약
적용 가능한 상황 ➡ 영업, 회의, 프레젠테이션, 일상생활

단계 1 상대의 문제점을 표면화하고 이점의 존재를 일깨운다.
- ☑ ○○로 난처하지 않으세요? 이 문제를 해결하면 □□가 될 수 있습니다.

▼

단계 2 성공 사례를 소개해 구체적인 그림을 그리게 한다.
- ☑ 실제로 ○○을 해결한 사람(기업)은 단기간에 □□할 수 있게 됐습니다.

▼

단계 3 자신이 그 이점을 제시할 수 있는 이유를 말한다.
- ☑ 나는 지금까지 오랫동안 ○○의 해결을 도와왔습니다.

▼

단계 4 이점을 누릴 수 있는 구체적인 단계를 설명한다.
- ☑ 그 경험을 통해 안 것은, 어떤 사람(기업)이든 반드시 이 XX(단계) 순서를 밟으면 □□될 수 있다는 겁니다.

설명 프레임 2 　대비

상대의 이해도가 크게 높아진다
적용 가능한 상황 ➡ 회의, 자기소개, 면접, 프레젠테이션, 일상생활

- ☑ 이것은 ○○(수치)이지만, 평균은 □□(수치)입니다.
- ☑ 이 팀의 평균 매출액은 □□인데, 이번 분기 당신의 매출액은 ○○이나 올랐어요.
- ☑ 업계 평균은 □□(수치)이지만 우리 회사는 ○○(수치)입니다.
- ☑ ○○라도 □□
- ☑ ○○인데도 □□
- ☑ ○○였는데 지금은 □□
- ☑ ○○ 가운데 엄선한 □□입니다.
- ☑ ○○ 정도 있는 중에서 골라낸 것입니다.
- ☑ 총 ○○페이지에 달하는 두꺼운 책인데, 그중에서 가장 도움이 되는 정보로 압축해 소개합니다.
- ☑ 실제로 설명하면 ○시간이나 걸리는데, 중요한 요점을 □개만 추려서 말하겠습니다.
- ☑ ○○(가상의 적)에는 절대 지지 않습니다!
- ☑ ○○(가상의 적)은, 반드시 무너뜨립니다!
- ☑ ○○(가상의 적)을 없애는 것이 저의 최종 목표입니다.

설명 프레임 3 　인과

상대가 공감하고 납득한다
적용 가능한 상황 ➡ **회의, 프레젠테이션, 일상생활**

- ☑ 결과는, ○○였습니다. 그 원인은…
- ☑ 결과는 ○○입니다. 그 원인으로는…
- ☑ ○○이란 것이 결과입니다. 원인으로 생각할 수 있는 것은…
- ☑ 사실, ○○의 진짜 원인은…
- ☑ ○○의 원인의 정체는…
- ☑ □□는, ○○가 진짜 원인이었습니다.
- ☑ ○○와 △△는 인과관계가 아니라 사실은 □□가 양쪽의 진짜 원인이었습니다.
- ☑ ○○와 △△에는, 진짜 원인인 □□가 있었습니다.
- ☑ 사실은, ○○로 □□가 발생했던 것이 아니라 □□가 ○○를 발생시킨 원인이었습니다.

설명 프레임 4 컷 다운

상대의 부담이 줄어든다
적용 가능한 상황 ➡ 회의, 영업, 일상생활, 자기소개

- ☑ ○○를 한마디로 말하면…
- ☑ 한마디로 ○○를 설명하면…
- ☑ 이 ○○를 한마디로 표현하면…
- ☑ 오늘은 시간이 한정되어 있어서, 여러분에게 설명하고 싶은 것을 하나로 압축했습니다.
- ☑ 사실은 전부 설명하고 싶지만, 시간 관계상 지금 여러분에게 가장 중요한 것을 하나로 압축해 설명하겠습니다.
- ☑ 요약하면…
- ☑ 정리하면…
- ☑ 꼭 말하고 싶은 것은…
- ☑ 결론부터 말하면…
- ☑ 결국, 말하자면…
- ☑ 지금까지의 이야기를 한마디로 정리하면…
- ☑ 지금까지 이야기한 ○개의 노하우를 하나로 정리하면…, 결국 XX만 하면 되는 겁니다.

설명 프레임 5 파괴

설명에 의한 '이해 충격요법'
적용 가능한 상황 ➡ **영업, 프레젠테이션, 회의**

파괴

- ☑ 지금까지는 ○○라 여겼는데, 사실은…
- ☑ 원래…
- ☑ 사실은 그 전제가 잘못된 것으로…
- ☑ 일반적으로는 ○○라 생각하지만…
- ☑ 보통 ○○라 생각하지 않습니까? 그런데 실제론…
- ☑ 물론 ○○라고 생각하는 것도 이해합니다. 그러나…
- ☑ 그렇게 생각하는 것도 당연합니다. 그런데 거기에 더해서…

재건

- ☑ 왜냐하면…
- ☑ 왜 그러냐면…
- ☑ 사실 ○○라는 것이 있었기 때문입니다.

설명 프레임 6 뉴스

상대의 관여도가 향상된다
적용 가능한 상황 ➡ **회의, 프레젠테이션**(의 첫머리)

- ☑ 지난주에 ○○가 있었는데…
- ☑ 오늘 이곳에 올 때 ○○한 일이 있었는데…
- ☑ 최신 연구에서는…
- ☑ 오늘 아침 TV 뉴스에서 ○○(중요 메시지의 구체적인 예)를 봤는데…(그대로 중요 메시지에 연결한다)
- ☑ 사실 이 ○○에 대해서는, 지난달 미국 □□대학의 연구기관에서 실증되었습니다.
- ☑ 오늘 아침 TV 뉴스에서 ○○(중요 메시지의 추상화로 이어진다)를 봤는데, 이것은 △△(추상화)라는 점에서 □□(중요 메시지)와 같습니다.

설명 프레임 7 　 희소성

상대에게서 '알고 싶은 욕구'를 창출한다
적용 가능한 상황 ➡ 영업, 면접, 일상생활

- ☑ 여기서만 하는 이야기인데…
- ☑ 아직 겉으로 드러난 이야기는 아닌데…
- ☑ 아주 극소수만 아는 이야기인데…
- ☑ 우리나라 사람 중에 0.3퍼센트만 아는 건데…
- ☑ 우리 회사에서도 아는 사람이 다섯 손가락 안에 드는 이야기인데…
- ☑ 지금부터 하는 이야기는 아직은 알려지면 곤란하니까 절대 말하지 마십시오.
- ☑ 정보가 공개되기 전까지는 우리끼리만 아는 이야기로 해주십시오.
- ☑ ○○에 대해 아는 분, 손 들어주시겠습니까?
- ☑ ○○을 한 번이라도 들어본 적 있는 분, 계십니까?
- ☑ 우리 일에서는 당연한 건데…
- ☑ 업계 외의 사람은 거의 모르는 이야기인데…
- ☑ 우리 업계에서는 특별한 게 아닌데, 다른 업계 사람에게 말하면 아주 좋아하는 노하우가 있습니다. 그 노하우는…
- ☑ 지금까지는 일반에 공개했던 이야기인데, 앞으로는 일부에게만 말할 생각입니다.

설명 프레임 8　복선 회수

상대가 듣고 싶어지도록 덫을 설치한다
적용 가능한 상황 ➡ 프레젠테이션, 영업, 일상생활

복선

- ☑ 이 부분을 들으니, '어?' 하는 생각이 들지 않나요?
- ☑ 지금 제 설명, 개운하지 않죠? 위화감이 들 겁니다.
- ☑ 이것은 뒤에 다시 나오는 이야기이므로 자세한 것은 그때 알게 될 겁니다.
- ☑ 이 부분은 석연찮은 게 당연합니다. 단, 나중에 깨끗이 해소될 겁니다.

회수

- ☑ 아까 '나중에 나온다'고 했던 내용을 지금부터 설명하겠습니다.
- ☑ 이 ○○, 앞에서 가졌던 의문을 해소할 수 있을 겁니다.
- ☑ 지금부터 말할 ○○야말로 앞에서 당신이 느낀 위화감의 정체입니다.
- ☑ ○○에는 눈물 없이는 말할 수 없는 에피소드가 있습니다. 이것은 나중에 □□에서 설명하겠습니다.
- ☑ 여기에는 경악할 만한 사실이 숨어 있었습니다. 이것은 조금 후에 알게 될 겁니다.
- ☑ 좀 전에 뒤에서 설명할 거라고 했던 가슴 아픈 에피소드는, 이 □□와 크게 관계가 있습니다. 그 에피소드는…
- ☑ 맨 처음 이야기할 때 나중에 소개한다고 했던 ○○에 관한 에피소드는 이 □□와 깊은 연관이 있습니다. 그 에피소드는…
- ☑ 앞에서 말한 ○○의 에피소드가, 지금부터 말할 □□와 상관이 있습니다.
- ☑ 두 번째로 소개했던 ○○이 지금부터 설명할 오늘의 핵심 주제와 크게 관계가 있습니다.

설명 프레임 9　결정 유도

상대의 결정을 통제한다
적용 가능한 상황 ➡ 회의, 프레젠테이션, 일상생활

- ☑ □□라면, 이 중에서 고르시면 됩니다.
- ☑ ○○에 대해 상의드리고 싶은데, 구체적으로는…
- ☑ ○○라면 □□할 수 있을 것 같은데, △△는 어려울 것 같아요.
- ☑ ○○을 기준으로 설명할까요?
- ☑ 가격순으로 ○○, □□, △△로 되어 있는데, 어느 것으로 하시겠습니까?
- ☑ 난이도 수준은 ○○, □□, △△순입니다. 어느 것으로 하시겠습니까?
- ☑ 중간에 있는 ○○를 고르는 경우가 많습니다.
- ☑ 이 ○○가 가장 인기 있어요.
- ☑ 마지막에 소개한 ○○을 제일 추천합니다.
- ☑ 마지막의 ○○을 권합니다.
- ☑ 이 흐름에 따라 다른 선택지를 소거법으로 지워가면…
- ☑ 이들 선택지를 ○○라는 전제에서 지워가면…
- ☑ 이들 선택지는 ○○라는 이유에서 피하면…

결정권자가 따로 있는 경우

- ☑ 이 설명 자료를 그대로 ○○ 님(결정권자)께 보내주십시오.
- ☑ 이 메일의 이 부분을 복사해서 ○○ 님(결정권자)께 전달해주시기 바랍니다.
- ☑ 이 내용을 그대로 전해주시는 것이 ○○ 님(결정권자)께 전달되기 쉬울 것 같습니다.

설명 프레임 10 자기주장

논박하지 않고 주장을 관철한다
적용 가능한 상황 ➡ 회의, 자기소개, 면접, 일상생활

먼저 상대방의 의견을 인정한다

- ☑ 말씀하신 의견이 맞습니다.
- ☑ 확실히 그렇죠.
- ☑ 알겠습니다.
- ☑ 훌륭한 아이디어네요!
- ☑ 재미있어요!
- ☑ 그거, 정말 중요한 생각입니다.
- ☑ 그 생각은 상당히 흥미롭네요.

그 후에 이견을 말한다

- ☑ ○○ 님의 의견, 맞는 말씀입니다. 그런 전제에서 □□ 부분에 대해 △△는 어떻게 생각하십니까?
- ☑ ○○ 님의 생각은 잘 알겠습니다. 그와 동시에 저는 □□에 대해 △△라고 생각합니다.
- ☑ 새로 나온 사실로서…
- ☑ 아직 공표되지 않은 사실이라 모르는 것이 당연한데…
- ☑ 목적은 □□이죠. 그걸 위한 수단으로는…
- ☑ 전략이 ○○입니다. 그 전술로써…
- ☑ ○○이 원칙입니다. 그 원칙에 따른 수법으로…
- ☑ 방침은 ○○입니다. 그 방침에 따른 행동으로는…

설명 프레임 11 결여 어필

상대의 '채워지지 않는 답답함'을 해소한다
적용 가능한 상황 ➡ 회의, 프레젠테이션, 영업

- **단계 1** 사실은 총 ○개인데 그 가운데 아직 △개밖에 말하지 않았습니다.
- **단계 2** 그래서 지금부터 마지막 하나를 설명하겠습니다.
- **단계 3** 그 하나가…

- **단계 1** 사실 당신이 알고 있는 것은 총 □개 중 △개뿐입니다.
- **단계 2** 나머지 △는 아직 모를 테니, 지금부터 설명하겠습니다.
- **단계 3** '부족함'을 채우는 정보와 지식을 전달한다.

☑ ○○가 부족하기 때문에 □□를 할 수 없는 겁니다. 그 □□를 제가 알려드릴 수 있습니다.

참고 문헌

『学習科学』(波多野誼余夫ほか 編著, 放送大学教育振興会, 2004年)

『学習科学ハンドブック　第二版 第1巻』(R. K. ソーヤー 編, 森敏昭ほか 監訳, 北大路書房, 2018年)

『学習科学ハンドブック　第二版 第2巻』(R. K. ソーヤー編, 大島純ほか 監訳, 北大路書房, 2016年)

『学習科学ハンドブック　第二版 第3巻』(R. K. ソーヤー編, 秋田喜代美ほか監訳, 北大路書房, 2017年)

『新しい時代の教育方法』(田中耕治ほか 著, 有斐閣アルマ, 2012年)

『数学的・科学的リテラシーの心理学』(藤村宣之 著, 有斐閣, 2012年)

『進撃の巨人 1』(諫山創 著, 講談社, 2010年)

『ショック・ドクトリン〈上〉〈下〉』(ナオミクライン著, 幾島幸子, 村上由見子 訳, 岩波書店, 2011年)

『読書について 他二篇』(ショウペンハウエル 著, 斎藤忍随 訳, 岩波文庫, 1983年)

『現代語訳 風姿花伝』(世阿弥 著, 水野聡 訳, PHP研究所, 2005年)

『影響力の武器』(ロバート B. チャルディーニ 著, 社会行動研究会 訳, 誠信書房, 1991年)

『頭のいい説明は型で決まる』(犬塚壮志 著, PHP研究所, 2018年)

『頭のいい人の対人関係 誰とでも対等な関係を築く交渉術』(犬塚壮志 著, サンクチュアリ出版, 2022年)

Simonson, I., Tversky, A. (1992), Choice in Context: Tradeoff Contrast and Extremeness Aversion, *Journal of Marketing Research*, 29 (3), 281-295.

Iyengar, Sheena S. & Mark R. Lepper. (2000), "When Choice is Demotivating: Can One Desire Too Much of a Good Thing?", *Journal of Personality and Social Psychology*, 79 (6), 995-1006.